여자를 위한
생각하라! 그러면 부자가 되리라

유리천장을 깨며
부와 성공으로 가는 길

 여자를 위한

생각하라!
그러면
부자가
되리라

Think And Grow Rich for Woman

샤론 레흐트 지음 · 김송호 옮김

국일미디어

차례

제 조부인 나폴레온 힐의 철학은 제가 여성이면서 아내와 엄마로서의 역할을 하는 데 지침이 되고 있습니다. 저는 샤론 레흐트가 《여자를 위한 생각하라! 그러면 부자가 되리라》를 출간한 것을 기쁘게 생각합니다. 이 책은 성공을 원하는 모든 여성들에게 영감을 주어 성공을 성취하도록 도울 것입니다.

제가 대학 진학을 위해 집을 떠나기 전에 나폴레온 힐의 책들이 집안 곳곳에 있었습니다. 저는 약학과 화학 전공으로 학위를 취득하고 나서 약사로 일했습니다. 수년 동안 네 아들을 키우느라 무척 바쁘게 지내다가 결국 아이들을 키우는 데 전념하기로 결정했습니다.

그 후 20년 동안 아이들을 키우는 데 나폴레온 힐의 성공 법칙을 적용하였습니다. 저는 아이들이 목표를 세우도록 하여 그들이 목표 없이 살아가는 일이 없도록 했습니다. 이런 일을 포함해서 아이들이 성공적인 삶을 사는 데 필요한 것들을 나폴레온 힐의 성공 법칙을 통해 제공했습니다.

아이들은 저의 이런 노력에 잘 따라주었고, 결국 좋은 성과를 거둘 수 있었습니다. 세 명의 아들은 의사가 되었고, 한 아들은 유명한 회사에 다니고 있습니다. 언젠가 제 동생인 제임스 블레어 힐이 나폴레온 힐의 책이 금융, 인간관계, 행복 등 모든 분야에서 핵심적인 내용을 담고 있다고 말했습니다. 제 동생은 나폴레온 힐의 책을 활용하면 가치 있는 결과를 얻을 수 있다고도 말했습니다. 나폴레온 힐의 후손인 저희 가족은 그의 유산을 잘 활용하고 있습니다.

저는 이 책《여자를 위한 생각하라! 그러면 부자가 되리라》를 읽는 모든 여성들이, 가정 안과 밖의 생활 모두에서 필요한 통찰력을 얻을 수 있으리라 확신합니다.

테리 힐 고크

(나폴레온 힐의 손녀)

추천사

제가 사우스웨스트 버지니아에서 자랄 때, 그곳에서 어린 시절을 보내면서 자라고 성공한 나폴레온 힐의 책을 읽도록 권유받곤 했습니다. 나폴레온 힐은 모든 사람들이 성공하기를 바랐고, 성공으로 가는 길에 극복하지 못할 장애물은 없다는 믿음을 주기 위해 노력했습니다.

샤론 레흐트는 나폴레온 힐을 존경할 뿐만 아니라, 그의 철학을 실천하는 선구자로 활약하고 있습니다. 샤론 레흐트는 나폴레온 힐의 철학을 여성들에게 적용하여 여성들이 성공에 이르는 데 필요한 특별한 길을 보여주고 있습니다. 레흐트는 실제 삶의 문제를 다루기도 하고 삶의 지혜를 논하기도 합니다. 이 책을 읽어 나가다 보면 때로는 힘을, 때로는 안심을 얻는 실용적인 조언을 들을 수 있을 것입니다.

레흐트는 당신이 이미 성공에 필요한 모든 것을 갖고 있다고 말합니다. 당신의 마음과 영혼 속에 성공하기 위해 필요한 모든 것이 이미 존재하고 있다고 믿기 때문입니다. 저는 성공하는 데 도움이 필요한 모든 젊은 여성들에게 이 책을 추천합니다.

애드리아나 트리자니 Adriana Trigiani

(뉴욕타임스 베스트셀러 작가, 나폴레온 힐의 고향에서)

서론

《여자를 위한 생각하라! 그러면 부자가 되리라》를 왜 썼는가?

성공 법칙은 어느 누구에게나 동일하게 적용된다. 그런데 왜 이 책을 써서 나폴레온 힐의 《생각하라! 그러면 부자가 되리라》라는 책의 가치를 떨어뜨리는가? 여성들만을 위해 특별히 책을 써야 하는 이유가 있는가?

이 모든 질문들은 당연히 제기될 수 있다. 사실 나도 똑같은 생각을 갖고 살았다. 열아홉 살 때 나폴레온 힐의 《생각하라! 그러면 부자가 되리라》라는 책을 읽었다. 그리고 사회생활을 하는 동안 이 책을 여러 번 읽었고, 아주 큰 긍정적인 영향을 받았다.

나의 부모님은 목표에 집중해서 열심히 노력하면 원하는 바는 무엇이든 이룰 수 있다고 가르치셨다. 부모님은 일생 동안 정말 열심히 일했고, 나에게 훌륭한 롤 모델이 되었다. 하지만 살던 곳을 떠나 낯선 곳에서 홀로 사회생활을 시작하면서 현실을 깨닫기 시작했다. 1970년대 후반 나는 내 분야에서 일하는 몇 안 되는 여성들 중 한 명이었다. 나는 살아남으려면 남자 동료들보다 훨씬 더 열심히 일해야만 한다는 사실을 깨달았다. 그리고 실제로 열심히 일했다.

아무도 과거에는 쉽지 않았지만, 앞으로는 쉬워질 거라고 말하지 않았다. 그 누구도 과거에는 순탄하지 않았지만, 이제부터는 순탄할 거라고 말하지 않았다. 하지만 어려운 시기를 겪고 살아남으면서 터득한 적응력과 경험이 오늘날 내가 성공하는 데 결정적인 역할을 했다.

35년 이상이 지난 현재 내가 만난 직장인 여성들이 겪은 인생사를 들으면서 감탄을 금할 수가 없었다. 그녀들은 유리천장과 여성에 대한 편견을 마주하면서도 그 장애물을 극복하는 길을 찾아냈다. 그녀들 중 많은 사람이 나폴레온 힐의《생각하라! 그러면 부자가 되리라》라는 책을 읽고 그 가르침대로 실행함으로써 어려움을 극복하고 성공을 이룰 수 있었다. 하지만 그녀들은 이런 성취에 만족하지 않고 한 걸음 더 나아갔다. 성공에서 한 걸음 더 나아가 그녀들의 뒤를 따라오는 후배 여성들을 위해 지속적으로 새로운 길을 열어주고 있다. 이런 활동을 통해 성공적인 삶을 넘어 가치 있는 삶으로의 전환을 만들어가고 있다.

《여자를 위한 생각하라! 그러면 부자가 되리라》는 맞닥뜨린 장애물을 극복하고 성공한 모든 여성들, 역사를 바꾼 여성들, 사업적인 성공을 이룩한 여성들, 다른 여성들에게 좋은 기회를 제공하기 위해 노력한 여성들을 기념하기 위한 책이다.

성공한 여성들에게 몇 가지 괄목할만한 경제적 성과가 있었다. 많은 진전이 이루어진 지금도 삶의 모든 측면에서 여성들이 동기 부여를 받을 수 있도록 '조용한 혁명'은 계속 일어나고 있다.

이 책을 쓰고 있는 시점에서 가장 최신인 다음 통계 자료들이 여성들의 향상된 힘을 보여주고 있다.

경제적 측면

　다음 경제 관련 통계 자료들은 의심할 나위 없이 여성들이 전 세계적으로 대단한 힘과 영향력을 갖고 있다는 사실을 보여주고 있다. 여성들이 힘을 합쳐 그녀들의 경제적 힘을 긍정적인 변화를 이끌어내는 데 사용하면 무슨 일이 일어날지 상상할 수 있겠는가?

- 미국의 모든 부의 60%를 여성들이 차지하고 있다.
- 미국에서 일어나는 모든 구매 행위의 85%를 여성들이 결정한다.
- 50세 이상의 여성은 합계 19조 달러의 순자산을 가지고 있다.
- 앞으로 10년 동안 미국에서 2/3의 소비재가 여성들에게 귀속될 것이다.
- 미국의 경우 7조 달러가 여성들의 소비와 비즈니스 용도로 지출되고 있다.
- 전 세계적으로 앞으로 40년 동안 41조 달러로 예상되는 상속 재산의 70%가 여성들에게 귀속될 것으로 보인다.

교육 분야

　미국 교육부가 2013년 기준 여성들이 취득할 것으로 예측하고 있는 학위 비율:

- 전문학사의 61.6%
- 학사의 56.7%
- 석사의 59.9%
- 박사의 51.6%

요약하자면 2013년 기준 학사 이상 학위의 경우 남자 100명당 여자 140명 취득.

기업의 경우

하위 관리자의 경우에는 여성들을 위한 개선이 상당 수준 이루어졌지만, 기업의 고위직에는 아직도 여성들에게 불리한 유리천장이 존재하고 있다.

- 포춘 500대 기업 최고 경영자 중 여성은 23명으로 4.6%에 불과하다.
- 중역의 비율은 14%다.
- 이사회에서 여성이 차지하는 비율은 미국이 16.6%인 반면 노르웨이는 40.9%, 아시아는 6%이다.
- 2003년 노르웨이에서 기업이 이사회에 여성 이사를 40% 이상 지명하도록 규정한 법률을 통과시킨 것은 매우 중요한 의미를 지닌다.

- 세계주가지수^{MSCI AC World index}는 24개 선진국 시장의 금융 시장효율을 측정하기 위해 고안된 지표다. 세계주가지수에 포함된 기업들을 6년에 걸쳐 조사한 결과에 따르면 남성과 여성이 고루 분포한 이사회를 운영하는 기업이 남성 일색의 이사회를 운영하는 기업보다 26% 높은 실적을 보인 것으로 조사됐다.

- 〈중요한 점: 기업의 실적과 이사회에서의 여성의 비율〉이라는 제목의 캐털리스트^{Catalyst}가 작성한 보고서에 따르면 포춘 500대 기업의 경우 이사회에서 여성의 비율이 높은 기업이 여성의 비율이 낮은 기업보다 평균적으로 높은 실적을 거둔 것으로 나타났다. 더 나아가 이 보고서는 3명 이상의 여성 이사가 포진한 기업이 평균 이상의 높은 실적을 거두었다고 강조하고 있다. 이 보고서에 나타난 세 가지 핵심 측정치는 다음과 같다.

  - 자기 자본 수익률: 평균적으로 이사회에 여성 비율이 가장 높은 기업이 가장 낮은 기업에 비해 53% 실적이 더 높았다.
  - 매출 이익률: 평균적으로 이사회에 여성 비율이 가장 높은 기업이 가장 낮은 기업에 비해 42% 실적이 더 높았다.
  - 투하 자본 수익률: 평균적으로 이사회에 여성 비율이 가장 높은 기업이 가장 낮은 기업에 비해 66% 실적이 더 높았다.

수입 측면

전체적인 통계 수치는 아직 확실하진 않지만 자세히 파고들어 가 보면 긍정적인 흐름을 보이고 있다.

- 평균적으로 남성이 1달러를 받을 때 여성은 77센트를 받는 다. 1970년에 이 수치는 59센트였다.
- 지난 몇 년 동안 77센트라는 통계 수치는 변함이 없었지만, 미국의 16개 주에서는 남성이 1달러를 벌 때 여성은 80센 트 이상을 버는 것으로 보고됐다.
- 자영업자와 기간제 노동자를 제외한다면, 2012년 기준 남 성이 1달러 벌 때 여성은 80.9센트를 벌었다.
- 딜로이트의 연구 결과에 의하면 개발도상국에서 여성의 수 입 증가율이 남성에 비해 더 빠르게 증가하는 것으로 나타 났다. 남성의 수입 증가율이 5.8%인 데 반해, 여성의 수입 증가율은 8.1%였다.

나이별로 통계를 분석해보면 젊은 여성들의 경우에는 수입 증 가세가 상당히 큰 것을 알 수 있다. 노동부 통계에 따르면 다음과 같다.

나이에 따른 수입 분석

연령별	남성 수입 대비 여성 수입 비율
20-24	93.2%
25-34	92.3%
35-44	78.5%
45-54	76.0%
55-64	75.1%
65+	80.9%

세계적으로 볼 때 개발도상국에서는 남성 정규직의 평균 임금이 여성 정규직 임금에 비해 17.6% 높았다. 남녀 임금 차이가 가장 큰 국가는 일본과 한국이었다.

기업 소유 측면

기업에서 여성이 차별받는 유리천장 문제를 피하기 위해서 점점 더 많은 여성들이 기업에 취업하기보다는 기업을 소유하려는 경향이 커지고 있다. 2013년에 발간된 〈여성이 소유한 기업 현황 보고서〉에 따르면 1997과 2013년 사이 여성 소유 기업의 숫자가 미국 전국 평균에 비해 1.5배 증가했다. 여성 소유 기업의 숫자는 1,360만 개이고, 그 기업들은 2.7조 달러 이상의 매출액을 기록했으며, 약 1,590만 명의 종업원을 고용했다. 이는 미국 기업 수의 46%, 전체 고용의 13%, 기업 매출액의 8%를 차지하는 비율이다.

정치 측면

　그 어느 때보다 많은 여성이 정치에 뛰어들고 있다. 하지만 다음 통계 수치를 보면 아직도 남성 정치 리더들에 비해 여성 정치 리더들이 턱없이 부족하다는 것을 알 수 있다.

　전 세계적으로 여성 정치 리더는 30명에 불과하다. 미국에서는 여성이 상원의 20%, 하원의 17.9%를 차지하고 있다. 주 단위 이상 선출직 공무원의 23.1%를 차지하고 있다.

　여성들이 그들의 경제적 힘을 인식하고 이를 지렛대로 활용하기 시작했기 때문에 위의 수치들은 계속 증가할 것이다. 국제통화기금의 전무 이사인 크리스틴 라가르드가 세계경제포럼World Economic Forum에서 이런 세계적 추세를 연설했다. 크리스틴은 '포용적인 성장inclusive growth'의 힘을 언급하면서 "여성들이 더 잘하면 경제가 더 나아지게 되어 있다는 것은 명확한 사실이다."라고 주장했다.

　나는 이런 통계 수치를 보고 여성이 이룩한 성과에 박수를 보내지만, 아직도 분노에 찬 반응을 보이는 여성들이 많다는 사실도 알고 있다. 아직 개선되어야 할 일이 있는가? 당연히 있다! 수많은 여성이 임원으로 승진하는 데 장애가 되는 유리천장이 엄연히 존재하고 있다. 남성과 여성의 임금 격차도 아직 큰 편이다. 기업에서 여성에 대한 이런 차별들을 몰아내기 위해서는 아직 많은 노력이 필요하다.

하지만 이런 부정적인 면에 집중하는 대신 여성 리더들이 기업 분야에서 임원이나 경영자로서 이룬 업적은 물론 오늘날 정치와 교육 분야에서 이룬 긍정적인 성취를 인정하면서 이들 여성들이 이룬 업적에 박수를 보내자. 그들의 용기, 성공, 리더십에 존경심을 표현하자. 그리고 다 함께 젊은 여성들의 멘토로 나서자. 누구나 열심히 노력하고 목표에 집중한다면 원하는 바를 이룰 수 있고, 성공한 사람이 될 수 있다고 그들을 격려하자. 여성들은 다른 여성들이 성공할 수 있도록 도와야 한다.

페이스북의 최고 운영 책임자^{COO}인 셰릴 샌드버그는 여성들에게 공격적으로 커리어를 개발하라고 조언하고 있다. 2013년에 출간된 저서인 《린인^{Lean In}: Women, Work, and the Will to Lead》에서 여성들도 남성들처럼 장시간 일하고, 효율성을 추구하고, 거침없이 표현하라고 강조했다.

셰릴이 주는 가장 강력한 메시지는 여성들이 추진력을 감소시켜야 한다고 가르쳐진다는 것이다. 문제는 추진력 감소가 야망의 축소와 경력 개발의 소홀함으로 이어진다는 것이다.

나는 전 생애를 통해 직장에서의 불평등에 대해 그리고 그런 불평등이 직장생활과 가정생활을 하는 데 어떤 어려움을 주는지에 대해서도 계속 언급해왔다. 참는 것이 방법은 아니라고 생각한다. 참지 마라. 행동하라. 차의 가속기를 밟듯이 용감하게 행동하라. 보다 많은 사람들이 행동에 나설 때, 과거의 관행들이 파괴될 것이다. 더 많은 여성 리더들이 나설수록 모든 여성들에게 보다 더 공정한 세상이 열릴 것이다.

　많은 여성이 자존감 문제에 직면하고 있다. 한 명의 여성이 남녀평등 관련법을 바꾸지 못할 수는 있겠지만, 모든 여성들이 스스로 성공할 수 있도록 능력을 키울 수는 있다. 이 책《여자를 위한 생각하라! 그러면 부자가 되리라》는 오늘날 여성들이 낡은 사고의 틀과 패러다임을 깨고 성공적이고 가치 있는 삶을 확실하게 영위할 수 있도록 하는 데 초점을 맞추고 있다.

　과거에 여성들이 성공했던 방법들이 미래에 여성들이 성공하는 데 도움이 안 된다는 사실을 강조하고 싶다. 여성들에게 남성들처럼 행동하라고 충고하기보다는 요즘의 비즈니스 환경에 더 잘 맞는 여성 리더십의 장점을 찾아내어 적용하도록 강조하는 것이 바람직하다.

　세계적으로 여성들의 영향력이 커지고 비즈니스 환경이 변화하는 현 시점이 바로 여성들을 위한 진짜 전환점이라고 생각한다. 나는 수년 동안 많은 여성에게 삶의 안내서가 필요하다는 요청을 받아왔다. 그 안내서는 삶을 개척했던 성공한 여성들이 쓴 것이기를 바랐다. 그래서 과거의 성공한 여성들을 찾아내서 그들을 공부했다. 또 현재 성공한 여성들을 인터뷰하고, 이 성공한 여성들의 경험과 관점에서《생각하라! 그러면 부자가 되리라》를 다시 분석한 다음 여성들이 성공에 이르는 데 도움이 되는 13가지 단계를 만들어냈다.

이 책은 오늘날 여성들이 맞닥뜨릴 수 있는 문제들을 어떻게 다뤄야 하는지에 대한 실질적인 조언을 제시하고 있다. 그 문제들은 가정 문제, 직장에서의 승진 문제, 기업을 소유하는 문제들을 포함하고 있다. 책의 마지막 부분에 이르러서 나는 당신이 스스로 선택한 삶을 개척해나갈 수 있는 엄청난 힘과 기회를 가졌다는 사실을 깨달을 수 있기를 바란다. 이 책에는 여성들의 경험과 조언만 실었다. 각 장에는 성공한 여성들이 성공과 가치 있는 삶을 추구하는 다른 여성들에게 그 장의 주제에 맞춰서 주는 조언들을 실었다.

나폴레온 힐의 원작《생각하라! 그러면 부자가 되리라》가 수많은 성공한 남성들의 경험에서 성공 법칙들을 이끌어냈듯이《여자를 위한 생각하라! 그러면 부자가 되리라》도 수많은 성공한 여성들의 경험에서 이끌어낸 성공 법칙들을 소개하고 있다.

이 책은《생각하라! 그러면 부자가 되리라》의 원본에서 기술된 목차를 그대로 따랐다. 각 장은 나폴레온 힐의 가르침을 검토한 내용으로 시작된다. 각 장의 검토 내용에 이어 해당 장의 나폴레온 힐의 가르침을 삶에서 실천한 여성들의 이야기를 소개하였다.

그러고 나서 내 삶에서 나폴레온 힐의 가르침을 어떻게 실천했으며, 그 과정에서 찾아냈던 놀라운 깨달음을 소개할 것이다.

그 다음에는 성공한 여성들이 주는 조언을 배치하였다. 나폴레온 힐은 성공 성취를 위한 중요하고 필수적인 과정으로 협동의 힘을 소개하였다. 따라서 각 장에는 해당 장의 교훈이나 메시지의 중요성을 보다 깊게 깨닫게 해주는 많은 여성의 조언을 소개할 것이다.

각 장의 마지막 부분에는 '스스로에게 물어보기' 코너를 편성하였다. 이 코너에는 해당 장의 메시지와 교훈을 제시하고, 이를 실제 삶에 적용하도록 요청하고 있다. 성공한 여성의 관점에서 해당 장의 나폴레온 힐의 성공법칙이 어떻게 적용되는지 읽어보면서 자신의 생각을 적어보도록 구성하였다. 여기에서는 당신이 강점을 발휘할 수 있는 분야를 보다 빨리 찾고, 당신이 이루고자 하는 삶의 길을 찾아내는 데 도움을 줄 것이다.

샤론 레흐트

여자를 위한 생각하라! 그러면 부자가 되리라

간절한 바람

간절한 바람이야말로 모든 성공의 출발점이다.
당신은 간절한 바람을 가져야만 한다.

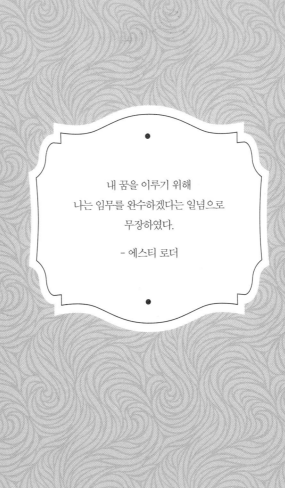

내 꿈을 이루기 위해
나는 임무를 완수하겠다는 일념으로
무장하였다.

- 에스티 로더

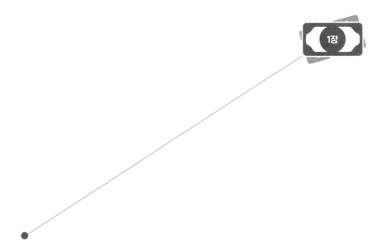

당신의 간절한 바람이 무엇인지 아는가?

가끔 "나는 간절한 바람을 가졌나?"라고 자문할 때가 있을 것이다. 어떤 것을 원하는 단순한 바람과는 달리, 간절한 바람은 어떤 일을 하거나 어떤 것을 이루는 데 있어서 꼭 필요한 것이다. 간절한 바람은 아이디어나 깨달음으로 시작해서 점차 일상적인 행동을 추진하는 원동력으로 자라난다. 간절한 바람은 당신의 가치관에 영향을 받고, 당신의 의사결정 과정에 영향을 미친다. 당신은 간절한 목표, 꿈, 삶의 기대 속에서 자신만의 간절한 바람을 찾아낼 수 있을 것이다.

한때 품었던 인생의 목표를 순간적으로 떠올릴지도 모르겠다. 그 목표는 개인적인 것일 수도 있고, 비즈니스적인 것, 재정적인 것, 신체적, 정신적인 것일 수도 있다. 그렇다면 이런 목표들이 간절한 바람 없이 이루어질 수 있다고 생각하는가?

누군가 당신을 열정적이라거나 의욕이 넘친다거나 목표 지향적이라거나, 집중력이 있다거나, 협조적이라거나, 추진력이 있다거나, 끈기가 있다거나, 야무진 사람이라고 묘사한 적이 있는지 생각해보자. 틀림없이 당신이 간절한 바람을 갖고 무언가를 추구했기 때문에 이런 말을 들었을 것이다.

어떤 목표를 달성하기 위해 간절한 바람을 갖고 노력한다면 그 목표를 성공적으로 달성하는 데 필요한 계획을 세우고 실현하는 연료인 동기와 추진력, 에너지를 갖게 되는 셈이다.《생각하라! 그러면 부자가 되리라》에서 나폴레온 힐은 간절한 바람을 재정적인 부자가 되는 데 필요한 요소라면서 강조했다.

"돈의 중요성을 알 나이가 된 모든 사람은 부자가 되기를 바란다. 단순한 바람만 가지고는 부자가 될 수 없다. 하지만 부자가 되려는 마음이 간절해지고 강박관념이 되면 부자가 되기 위한 방법과 수단을 찾고, 이를 이루기 위한 실행 방안을 꾸준히 실천하여 비로소 부자가 될 수 있다."

나폴레온 힐은 부자가 되고자 하는 바람을 이루기 위한 확실하고 효과적인 방법을 여섯 가지 단계로 제시하였다.

첫째, 당신이 바라는 돈의 액수를 정확하게 정하라(바람).

둘째, 당신이 바라는 액수의 돈을 얻기 위해 대가로 줄 수 있는 것을 찾아내고 실행하라. 세상에 아무런 대가 없이 얻을 수 있는 것은 없다.

셋째, 당신이 바라는 액수의 돈을 수중에 넣고자 하는 정확한 날짜를 정하라.

넷째, 계획을 세우고, 즉시 실행하라. 계획 없는 목표는 단순한 바람에 불과하다. 머뭇거리지 마라.

다섯째, 개인적으로 가지고 있는 기도 주문, 목표로 하는 정확한 돈의 액수, 그 돈을 손에 넣고자 하는 시한, 그 돈을 얻기 위한 대가로 주고자 하는 것, 그 돈을 손에 넣기 위한 명확한 계획과 그에 따른 실천 단계를 기록하라.

여섯째, 다섯째에 적은 것을 하루에 두 번씩, 잠자리에 들기 전과 아침에 일어나서 매일 읽어라. 이를 읽으면서 그 돈은 이미 당신 손에 들어왔다는 듯이 생각하고 느껴라. 당신이 진정으로 그 돈을 바라는 열망이 크다면 결국 손에 넣을 것이란 사실을 확신하는 데 아무런 문제가 없을 것이다. 그 돈을 손에 넣는 것이 절실하도록 만들어서 결국 그렇게 되리란 사실을 자신에게 확신시키는 게 이 과정의 목표다.

역사적으로 보면 돈을 벌 수 있다는 확신을 가진 사람들만이 부자가 되었다. 나폴레온 힐은 '돈에 대한 의식'을 돈에 대한 욕구가 마음속에 가득 차서 자신에게 마치 그 돈을 이미 소유한 것 같은 확신을 주는 것으로 정의했다.

나폴레온 힐의 성공 법칙은 재정적으로 부자가 되는 방법에 초점이 맞춰져 있다. 사실 일부 독자들은 나폴레온 힐이 말하는 돈에 대한 의식에서 의문을 가질 수도 있다. 나도 나폴레온 힐의 책을 읽을 때 이 대목에 이르러서는 항상 멈춰서 생각하곤 했다. 이 성공 법칙은 "돈을 좋아하면 악의 구렁텅이에 빠지게 된다."는 성경 구절과 명백하게 모순되기 때문에 많은 독자가 의구심을 품을 지도 모른다. 역사적으로 보더라도 지나치게 많은 부가 사람들에게 좋지 않은 결과, 특히 영혼에 큰 해를 초래했다는 일화를 많이 발견할 수 있다. 하지만 당신이 불친절하다면 부자가 될수록 점점 더 불친절하게 되고, 당신이 너그럽다면 부자가 될수록 점점 더 너그러워질 수 있을 것이다.

나폴레온 힐이 세계에서 손꼽히는 부자이면서 대부분 자선가인 사람들과 인터뷰했기 때문에 나는 앞에서 언급한 돈에 대한 의식을 '돈에 대한 열망이 너무 커서 마음속을 꽉 채우고, 그에 따라 좋은 일을 더 많이 할 수 있고, 그러기 위해 이미 그 돈을 소유하고 있는 것처럼 생각하게 된다'고 재해석했다.

큰 부를 성취한 모든 사람은 돈을 벌기 전에 우선 꿈꾸고, 바라고, 원하고, 열망하고, 계획했다는 사실을 기억해야 한다. 또한 역사가 시작되고 나서 현재까지 모든 위대한 리더들은 모두 꿈을 꾸는 사람들이었단 사실도 알아야 한다.

위대한 사람이 되거나 위대한 성취를 이루고자 하는 열망이야말로 꿈을 꾸는 사람의 출발점이 되어야 한다. 무관심하고, 게으르고, 열망이 부족한 사람은 꿈을 꿀 수가 없다.

여기서 나폴레온 힐이 말한 돈에 대한 열망의 기준에 내가 저항심은 느꼈던 또 다른 이유는 아마도 내가 여성이었기 때문이다. 성공의 진짜 의미는 무엇일까? 여성들이 이런 질문을 남성들보다 더 많이 던지는 이유는 그에 대한 대답이 여성들에게 더 복합적이기 때문이다.

성별 지능 전문가인 바바라 애니스는 남성들에게 성공의 정의는 아주 단순하다고 말한다. 남자들에게 성공은 그냥 승자가 되는 것이다. 남자들에게 성공은 돈을 많이 버는 것, 더 나은 직업을 갖는 것, 보다 넓은 주차장을 확보하는 것, 부러워하는 아내를 맞이하는 것 등을 의미한다. 그러나 성공은 경쟁에서 이기는 것 이상을 의미한다. 물론 여성들도 경쟁에서 이기기를 원한다. 하지만 여성들은 그와 동시에 존중받는 일을 하기를 원한다. 바바라 애니스는 이 주장의 근거로 포춘 500대 기업들의 컨설턴트로 일했던 경험을 제시하고 있다. 여성들이 직장을 떠나는 첫째 요인은 그녀들의 일이 그 가치를 제대로 인정받지 못하고, 그녀들의 강점조차 무시되는 환경이란 점을 들고 있다.

허핑턴포스트The Huffington Post의 공동 창립자이자 편집장인 아리나 허핑턴은 "우리는 모두 성공, 부, 권력에 대한 남성들의 정의를 받아들이고 있다. 하지만 이 정의는 더는 유효하지 않다."고 말했다.

허핑턴포스트는 독자들에게 성공이 무슨 의미를 갖는지 질문을 던졌다. 이 조사가 통계학적으로 과학적인 근거를 갖는지 잘 모르겠지만 조사 결과에서 여성들에게 권력과 성공이 어떤 의미인지는 잘 드러난다고 생각한다.

허핑턴포스트 독자들이 선정한 성공이 의미하는 열아홉 가지 일들은 다음과 같다.

1. 영향력이 강한 일을 하고, 그 일을 하는 매 순간을 사랑하기.
2. 삶의 불완전함 속에서 좋은 면을 찾아내기.
3. 당신의 공헌을 스스로 인식하기.
4. 성공, 성취 경험을 다른 사람들에게 나누어주기.
5. 부끄럽지 않고 미안할 일이 없도록 사랑하는 삶을 살기.
6. 인종 편견에 맞서 싸우는 것과 같은 정의로운 일 하기.
7. 매일 해변으로 가기!
8. 가족을 행복하게 만들기.
9. 남녀평등을 성취하기 위해 적극적으로 활동하기.
10. 자신의 일정을 스스로 조절할 수 있는 능력 갖추기.
11. 건강 유지하기. 그리고 다른 여성들이 서로 돕도록 하기.
12. 앞으로 넘어지더라도 계속해서 다시 시도하는 힘 갖기.
13. 자신을 자랑스럽게 여기기.
14. 최선을 다하고 삶의 모든 좋은 일에 감사하기.
15. 직장과 가정생활 사이에 건강한 균형 잡기.
16. 항상 당신을 미소 짓게 만드는 사람들을 삶에서 만들기.
17. 당신의 생업을 사랑하기.

18. 당신의 딸이 옳은 일을 위해 나설 수 있고, 자신으로 인정 받는 것을 두려워하지 않도록 만들기.

19. 앞으로 계속 나아가는 대신 어떤 순간에는 멈춰설 줄 아는 법을 배우기.

이런 정의가 여성들이 부자가 되기를 원하지 않는다는 것을 의미하는가? 절대로 아니다! 다만 여성들은 부의 개념을 훨씬 더 폭넓게 바라보고 있다. 여성들은 돈 그 자체가 아니라 그 돈으로 할 수 있는 무언가를 위해 돈을 원한다. 금전적인 부자가 되기 위한 나폴레온 힐의 조언은 개인적인 인격, 신체적, 정신적, 비즈니스의 성공에도 똑같이 적용할 수 있다. 따라서 보다 폭넓은 관점에서도 앞에서 제시한 나폴레온 힐의 여섯 가지 단계를 재검토해볼 수 있다.

당신이 정말 간절하게 무언가를 원하고 있거나, 성취하기를, 바꾸기를, 무언가가 되기를 원하고 있어서 다른 것들에 대해 전혀 생각할 수 없다면 당신은 간절한 바람의 상태에 있는 것이다.

이 경우 당신의 목표에 보다 더 집중하고 있다는 사실을 깨닫게 될 것이고, 마음의 평화도 발견할 수 있을 것이다.

돈이 아닌 것을 성취하기 위해 간절한 바람을 실행한 가장 대표적인 예의 한 사람으로 캘커타의 마더 테레사를 꼽을 수 있다. 마더 테레사는 전 세계, 특히 인도의 가난한 사람들, 아픈 사람들,

죽어가는 사람들을 돕는 데 일생을 바쳤다. 그녀는 가난한 사람들과 더불어 살면서 그들을 도우라는 소명과 간절한 바람을 느꼈다. 그녀는 절대적인 봉헌의 삶을 살면서 수백만 명의 사람들에게 감명을 주었다.

"단지 돈을 주는 것만으로 만족하지 맙시다. 돈만으로는 충분하지 않습니다. 돈이 필요하긴 하지만 그들은 그들을 사랑하는 당신의 마음을 필요로 합니다. 따라서 어디를 가든지 당신의 사랑을 전파하십시오."

마더 테레사는 전 세계에 무조건적인 사랑을 전파하기 위한 헌신과 간절한 바람을 잘 말해주고 있다.

마더 테레사만큼 유명한 사람은 아니지만, 왕가리 마타이는 간절한 바람을 실행한 또 한 명의 위대한 여성이다. 미국에서 생물학을 공부했으며, 중동부 아프리카 지역에서 박사 학위를 받은 최초의 여성이고, 노벨 평화상을 수상한 첫 번째 아프리카 여성이기도 하다. 마타이는 수십만 명의 케냐 여성들이 땔감과 물을 위해 수 마일을 걸어가야 하는 상황이라는 것을 깨닫고, 1977년에 그린벨트 운동the Green Belt Movement을 창설했다. 당시 케냐에서는 숲이 황폐화되고 가뭄과 가난으로 사람들이 고통받고 있었다. 마타이는 아프리카 여성들에게 나무를 심자는 운동을 제안했다. 이 운동으로 1977년 이래 전 아프리카에 여성들이 5,100만 그루의 나무를 심었다. 나무는 더 이상의 침식을 막았고 결과적으로 땔감을 제공하게 되었다. 마타이는 자신의 성공을 교육, 서비스, 명확한 비전, 스스로 책임지기, 자결권을 얻는 데까지 확대했다. 그녀는 말로만 외치거나 불평하는 대신 정의롭고 진실되게 행동함으로써 확실한 결과를 성취했다.

"저는 제가 왜 그처럼 관심이 많은지 정말 잘 모르겠습니다. 내면에 있는 무언가가 저에게 여기 어떤 문제가 있다고 말하면 그 문제를 해결하기 위해 행동하게 됩니다. 저는 그걸 제 안에 있는 신의 부름이라고 생각합니다."

하지만 성공과 의미 있는 삶을 추구하는 여성들의 여정에 대한 핵심은 오프라 윈프리가 2013년 5월 31일 하버드 대학 졸업식에서 행한 연설에 가장 잘 표현돼 있다. 오프라 윈프리는 자수성가하여 부자가 된 대표적인 여성으로 당시 성공의 정점에 있었다. 하지만 비즈니스 측면에서 가장 어려운 시기에 직면했을 때 앞서 언급한 여섯 가지 성공 단계(24페이지)를 사용했다. 물론 오프라 윈프리 같은 사람이 스트레스를 느끼고 좌절감에 빠지는 것이 상상도 안 되겠지만, 그녀가 어떻게 성공하고자 하는 간절한 바람을 발견하고, 성공에 대한 시한을 정하고, 비즈니스 방향을 바꿀 계획을 세웠는지에 대한 이야기를 들으면 오프라 윈프리의 정신적 힘을 새삼 느끼게 될 것이다.

오프라 윈프리는 오프라 윈프리 네트워크[OWN]를 창설할 때까지 오프라 윈프리 쇼를 통해 20년 이상 최고의 자리를 지키고 있었다. 그녀는 성공의 전형으로 여겨지던 모든 세월을 뒤로 한 채 '새로운 영역을 개척하고, 새로운 터전을 마련할 시간이 되었다'고 결심했다. 처음에 오프라는 OWN을 통해서도 오프라 윈프리 쇼에서 이룩한 정도의 성공을 기대했다. 하지만 OWN은 기대만큼 성공하지 못했다. 대부분의 미디어들이 OWN이 실패작이라고 선언했다. 그냥 실패작이 아니라 대실패작이라고 했다. 오프라는 "내 커리어에서 가장 힘들었던 시기였다. 나는 스트레스를 받았고, 두려웠고, 솔직히 말해서 돈도 궁했다."라고 당시를 회상했다.

하버드 졸업식에서 연설 요청을 받은 것이 바로 그 무렵이었다. 처음에는 OWN의 추락으로 의구심이 먼저 들었다. "나의 성공이 멈춘 바로 이 시점에 세계에서 가장 똑똑한 하버드 졸업생들에게 과연 무슨 말을 할 수 있을까?" 그 순간 영감이 소나기처럼 내렸다. 오래된 찬송가의 구절이 떠올랐다. "머지않아 아침이 오리라. 어려움은 지속되지 않으리니, 이 또한 지나가리라." 오프라 윈프리는 도움이 필요한 사람들을 도우려고 잔돈을 모으기 시작한 아홉 살 소녀로부터 영감을 얻었다. 그 어린 소녀는 혼자서 1,000달러를 모았다. 오프라 윈프리는 만약 그 소녀를 따라 한다면 어떤 성취를 이룰 수 있을지 궁금했다. 그래서 시청자들에게 잔돈을 모으도록 요청했다. 그리고 한 달이 지난 후 시청자들은 3백만 달러 이상을 보내왔고 그녀는 이것을 미국 각 주의 대학생들에게 전달했다.

이게 바로 엔젤 네트워크^{Angel Network}의 시작이다. 엔젤 네트워크는 엄청나게 확장했다. 시청자들의 지속적인 성원과 후원에 힘입어 25개 국가에 55개 학교를 지을 수 있었고, 허리케인으로 파괴된 집들 중 거의 300채를 복구할 수 있었다. 엔젤 네트워크의 성공으로 그녀는 삶의 목적을 재정립했고 자신의 영향력을 드러내는 방향을 재설정하게 되었다. 모든 쇼, 인터뷰, 비즈니스적 노력, 자선 목표는 분열을 조장하는 이슈보다 서로 힘을 합치는 이슈에 초점을 맞추게 되었다. 그리고 이러한 결과를 하버드 졸업생들에게 공유했다.

오프라 윈프리는 하버드 대학교 졸업 연설에서 OWN을 성공의 방향으로 바꾸도록 동기를 제공한 졸업생들에게 감사를 표한 후, 그들만의 이야기를 담은 이력서를 작성하라고 조언했다. 그 이력서에는 삶에서 이룩한 성취 목록과 그에 해당하는 날짜만 적지 말고 삶에서 무엇을, 왜 성취하고자 하는지를 담으라고 충고했다. 살다가 발을 헛디뎌 넘어지면 겪는 어려움을 통해 얻게 될 깨달음이 바로 그들의 이력서라고 말했다. 그리고 진정한 소명과 삶의 목적에 대해 생각해보라고 요청했다. 그녀는 누구나 살다보면 어느 지점에서 넘어질 수 있지만, "실패는 삶을 다른 방향으로 바꾸는 것에 불과하다."고 말했다.

살아가는 여정 속에서 모든 경험과 우연, 특히 실수는 당신에게 가르침을 주고 현재 모습에서 더 나아지도록 이끄는 힘이기 때문에 모든 실수에서는 단지 배우는 것이 중요하다. 실수로부터 배운 다음에는 바른 방향으로 나아가도록 힘써야 한다. 삶의 핵심은 어디로 가야할지를 알려주는 도덕적이고 감정적인 내적 좌표를 찾아내는 것이다. 오프라 윈프리는 연설 말미에 마음을 활짝 열고 간절한 바람과 진심을 담아 그들 미래에 대한 큰 희망을 기원하였다.

"때때로 당신은 비틀거리고 넘어질 수도 있습니다. 당신이 가는 길에 의구심을 가질 수도 있을 겁니다. 하지만 당신이 원한다면 저는 이 말을 하고 싶습니다. 당신 내면의 좌표인 작은 목소리가 당신을 안내해서 살아가는 이유를 찾아낼 것이기에, 당신이 점점 더 나아지리라는 것을 확신합니다. 당신은 행복하고, 성공하고, 세계에 공헌하게 될 것입니다."

금전적인 성공은 물론 자선 사업 면에서도 성공한 많은 젊은 여성들의 예도 있다. 그 대표적인 두 여성으로 세라 블레이클리와 토리 버치를 들 수 있다.

세라 블레이클리는 여성들의 구식 속옷 산업을 개선하려는 간절한 바람을 가졌다. 구식 속옷은 50년 이상 여성들을 고통과 질병에 몰아넣었다. 세라는 디즈니 월드에서 일하기도 하고 스탠드업 코미디언도 하다가 자수성가한 가장 젊은 억만장자 여성이다. 스물아홉 살 때 세라는 라인이 드러나지 않는 팬티를 찾을 수 없다는 것을 알고 좌절했다. 그래서 평생 동안 모은 5천 달러를 투자해서 스팽스SPANX라는 회사를 창립했다. 그녀는 에셋ASSETS으로 브랜드명을 정하고 자신이 만든 속옷으로 독점 판매망을 갖추었다. 세라는 스팽스를 한 가지 제품을 만드는 회사에서 수백 가지 스타일의 제품을 만드는 회사로 키웠고, 연 매출액이 수억 달러에 이르게 되었다.

> "당신의 아이디어를 신뢰하십시오. 당신의 직감을 믿으십시오. 실패를 두려워하지 마십시오. 제 경우 스팽스에 대한 아이디어를 떠올린 순간부터 실제 가게에서 팔 수 있는 제품으로 만들 때까지 2년이 걸렸습니다. 저는 '안 된다'는 얘기를 수천 번 들어야만 했습니다. 만약 당신의 아이디어를 100% 믿는다면 어느 누구도 당신을 멈추게 만들지 마십시오! 실패를 두려워하지 않은 것이 스팽스 성공의 핵심입니다."

이후 사업 성공을 활용하여 다른 사람들을 돕는 데 초점을 맞췄다. 세라 블레이클리 재단Sara Blakely Foundation을 설립하고, 전 세계 여성들의 교육과 기업 활동을 돕는 데 헌신하였다. 세라는 간절한 바람과 헌신으로 금전적인 성공을 이루고 재단을 통해 전 세계적으로 수많은 젊은 여성들에게 재정적인 뒷받침을 하는 등 의미 있는 일을 하고 있다.

또 다른 여성 억만장자인 토리 버치는 패션 산업에서 틈새 시장을 발견했고, 이를 파고들어 성공을 이루어냈다. 포브스에 의하면 그녀의 회사는 2012년에 8억 달러 매출을 달성했다. 2013년 토리 버치는 억만장자 리스트에 올랐다. 그녀는 성공한 여성 기업가이자 일하는 엄마로서의 경험을 살려서 2009년에 토리 버치 재단을 설립했다. 돈을 나눠주는 단순한 자선을 하기보다 여성들이 자신의 사업을 시작할 기회를 갖도록 도와 그들이 독립적인 삶을 살 수 있길 목표로 했다. 토리 버치 재단을 통해 미국 내 여성 기업가들에게 소기업 대출로 500 달러에서 5만 달러 범위의 금액을 제공하고, 사업 관련 교육과 멘토링 등의 프로그램을 실시하였다. 이러한 프로그램은 골드만삭스의 10,000 소기업 비즈니스 프로그램, 라과디아 커뮤니티 대학교, 뱁슨 대학교 등과 파트너십을 맺고 운영되고 있다.

"지난 5년 동안 골드만삭스의 10,000 소기업 프로그램은 세계 여성들에 대한 투자가 불평등을 개선하고 경제 성장을 촉진하는 데 가장 효율적인 방법이라는 사실을 보여주었습니다. 여성들이 힘을 키우면 더 건강하고 교육 수준이 높은 가족이 늘어나고 그 결과 더 풍요로운 사회가 될 것입니다."

앞서 언급한 여성들의 이야기를 관통하는 공통점을 파악했는가? 그녀들은 모두 도움이 필요한 사람들이나 사회에 환원하는 것의 중요성을 믿고 있다. 실제로 그 일을 실천하는 데 열성적이다. 나폴레온 힐은 "받기 전에 주어라."고 말했다. 이 말은 보편적이지만 그만큼 진실하다.

　인디애나 대학교의 자선 센터에서 수행한 고액 자선^{High Net} ^{Worth Philanthropy}에 2012 뱅크오브아메리카 연구로부터 도출된 관련 통계치를 살펴보자.

- 95%의 고액 자산가들이 자선을 실천하고 있다.
- 62%의 고액 기부자들이 자선의 동기로 사회 환원을 꼽고 있다.

국가 자선 트러스트는 다음과 같이 보고하고 있다.

- 6,430만 명의 성인들이 15.2억 시간 동안 자원봉사를 하고 있다. 이는 296.2억 달러에 해당하는 가치를 지니고 있다.

　〈기부에 대해 느끼는 기분 좋음: 이기적인 자선 행위의 이득 (과 비용), Feeling Good about Giving: The Benefits (and Costs) of Self-Interested Charitable Behavior〉이라는 제목의 하버드 비즈니스 스쿨의 연구는 그들의 연구결과가 다음 이론을 뒷받침한다고 보고했다. 더 행복한 사람일수록 더 많이 기부하고, 기부는 사람들을 더 행복하게 만든다. 즉 행복과 기부는 선순환 작용을 일으킨다. 더 행복한 사람이 더 많이 기부하고, 그럼으로써 더 행복해지고, 그러면 더 기부하게 되는 것이다.

　기부 행위는 행복을 가져올 뿐만 아니라 자신의 행복감과 자존감도 상승시킨다. 또한 목표 의식과 내적 충족감을 발견할 수 있게 해준다. 그리고 기부를 함으로써 당신의 영향력 안에 있는 네트워크에게 기부에 대해 공유할 수 있게 될 것이고, 그 특별한 원인에 대한 '말과 작업'을 퍼뜨리게 될 것이다. 사람들은 대부분 기부하고자 할 때 사회적 네트워크를 이룰 기회를 더 많이 얻게 된다.

여성자선단체Women's Philanthropy Institute의 이사인 데브라 메시 박사의 〈여성 기부 2012Women Give 2012〉라는 보고서에 따르면 나이든 성공한 여성들이 다른 모든 조건이 같을 때 남성 배우자들보다 더 기꺼이 그리고 더 많이 기부한다. 그녀들은 개인적인 이유로 기부를 하는 경향이 있고, 남성들보다 적은 금액을 더 많은 곳에 기부하는 경향이 있다.

그래서 나폴레온 힐의 "받기 전에 주어라."라는 말은 이 장에서 소개했던 여성들에 의해서만이 아니라 과학적 연구결과에 따라서도 뒷받침되는 것이다.

• 간절한 바람 실천하기 •

내 간절한 바람은 어렸을 때 시작되었다. 아버지는 내가 어릴 적부터 잠들기 전 머리맡에서 "샤론, 너는 오늘 다른 사람을 위한 일을 했니?"라고 물었다. 수년 전 아버지가 돌아가신 후에도 밤마다 그 질문을 스스로에게 던지곤 했다.

학교와 교회에서 자원봉사를 할 때부터, 어린 시절에 걸 스카우트가 될 때까지, 더 나아가 오늘날 수많은 사회단체와 비영리 기구에서 활동할 때까지 나는 사회 환원과 다른 사람을 위한 봉사를 삶의 중요한 부분으로 여겼다.

운 좋게도 기업가, 여성, 엄마로서 가진 간절한 바람은 내가 꾸준히 해온 비즈니스적 노력과 합쳐질 수 있었다. 여성 잡지, 만지면 소리가 나는 오디오 북 등을 출간한 후에는 젊은이와 여성들을 위한 금융교육과 사업용 비즈니스 도구에 초점을 더 많이 맞춘 간절한 바람을 지난 20년 동안 가지게 되었다.

나는 내가 하고 있는 일에 연연하지 않는다. 왜냐하면 그 일이 투자한 것 이상의 결실을 되돌려주기 때문이다.

나는 성공하는 행운을 잡았고 그 덕분에 간절한 바람을 계속 유지하면서, 자선 사업의 일환으로 비즈니스 벤처 기업들에 도움을 줄 수 있었다. 지금은 매년 고등학교 학생들을 위한 금융교육을 지원하고 있고, 많은 여성 그룹을 대상으로 하는 금융 세미나를 실시하고 있다. 또한 기업 경영자들을 도와 그 기업이 한 단계 더 높은 단계로 나아갈 수 있도록 돕는 일을 하고 있다. 다른 한편으로는 번 돈의 일부를 재투자하여 낸 수익으로 내가 운영하는 비영리 기관을 통해 다른 사람들에게도 똑같은 서비스를 지속적으로 제공할 수 있도록 노력하고 있다. 젊은 여성들이 아이디어를 실현하여 그녀들의 삶을 재설계하려고 노력하는 것을 볼 때면 크나큰 희열을 느낀다. 이런 지속적인 결실이 연료로 작용하여 나의 간절한 바람이 점점 더 강하게 타오르고 있다!

메리 케이 애쉬

미국의 여성 기업가이자 메리케이 화장품의 창립자

"우리는 직장에서도 성공해야 하지만 어떻게 해야 좋은 아내
와 좋은 엄마가 될 수 있을까에 대해서도 알아야 합니다. 일하
는 여성들에게 이는 쉽지 않은 과업입니다. 우선순위를 조정
하면서 절대 뒤를 돌아보지 말고 앞으로 나아가십시오. 당신
의 모든 꿈이 실현되기를 바랍니다. 당신은 해낼 수 있습니다.
당신이 미국에서 가장 많은 수입을 올리는 여성이 되기를 바
랍니다."

뮤리엘 시버트

뉴욕증권거래소에 진출한 최초의 여성

"그냥 자리에 앉아서 다른 사람들이 무언가를 해주기만을 기
다린다면, 곧 80세가 되어 뒤를 돌아보면서 '이것 참 내가 해
놓은 일이 뭐지?'라고 중얼거리게 될 것입니다. 제 어머니는
천상의 목소리를 가졌고 무대에 오르도록 초청도 받았지만,
무대에 오르지 않았습니다. 그래서 저는 온 생애를 좌절감에
빠진 채 보낸 여인 밑에서 성장했습니다. 저는 결코 어머니가
했던 일을 반복하지 않으리라 결심했습니다. 제가 원하는 것
은 무엇이든지 해내기로 결심했습니다."

인디라 간디

인도의 세 번째 수상

"행동에 대해 다른 시각을 가지십시오. 그리고 어떤 일이 일어나는지 살펴보십시오. 큰 계획을 부수어 작은 단계로 나누고 그 첫 단계를 바로 실행하십시오."

마거릿 대처

영연방의 전 수상

"성공이 무엇인가요? 저는 성공이 당신이 하고 있는 일에 대한 당신의 재능, 그 재능이 충분하지 않다는 것을 인식하고 열심히 하는 노력, 목적의식을 갖는 것의 결합이라고 생각합니다. 당신은 이기기 위해서 한 번이 아니라 수없이 여러 번 싸워야 할지 모릅니다."

J. K. 롤링

해리포터 판타지 시리즈의 저자로 잘 알려진 영국의 소설가. 본명 조앤 롤링

"자기 계발의 첫 단계는 성취 가능한 목표를 세우는 것입니다."

앞에 선보인 조언들이 나에게 영감을 주었듯이 당신의 간절한 바람에 불을 붙이고, 성공과 가치 있는 삶을 이룩하는 데 견인차 역할을 해주기를 기대한다.

《생각하라! 그러면 부자가 되리라》에서 나폴레온 힐은 간절한 바람에 대해 다음과 같이 말했다.

"어떤 것을 단순히 바라는 것은 그걸 성취할 준비를 마친 것과는 다른 차원이다. 어떤 것을 성취할 수 있다고 확신을 갖기 전까지는 아무도 그걸 성취할 준비가 되었다고 볼 수 없다. 마음의 상태를 단순한 희망이나 바람이 아니라 믿음으로 채워야 한다. 믿음을 갖기 위해서는 열린 마음이 필수다. 닫힌 마음은 믿음, 용기, 확신을 이끌어내지 못한다."

• 스스로에게 물어보기 •

　이번 장을 읽으면서 당신의 실행 단계를 파악하고, "아하"라는 감탄사를 자아내고, 성공 성취를 위한 당신의 계획을 만들어내는 데 일지 쓰기를 활용하라!

자신의 간절한 바람을 파악했는가?
1. 잠깐 시간을 내서 당신의 간절한 바람을 일지에 기록하라.
　　만약 간절한 바람을 찾아내는 데 어려움을 느낀다면 눈을 감고 다른 사람들이 당신을 표현할 때 어떤 단어를 사용했는지 기억해보라. 열정적인, 투지가 넘치는, 목적의식이 있는, 집중력이 있는, 협조적인, 단호한, 동기 부여가 된, 일편단심인, 추진력 있는, 끈덕진, 헌신적인, 약속을 잘 지키는, 변함없는, 지칠 줄 모르는, 확고한, 건실한, 전념하는 등등….
2. 다른 사람들이 말하는 활동, 프로젝트, 또는 목표를 기록하라. 여러 가지 다른 대답들이 나올 수 있을 것이다. 그 기록들을 살펴보고 각각에 대한 당신의 감정을 살펴보라. 이런 과정이 당신의 간절한 바람을 찾아내고 추려내도록 돕는다.
3. 그 다음에는 목표를 설정하고 그 목표들을 다음 분류 체계로 구분해서 기록하도록 하라. 개인, 비즈니스, 재정, 신체, 영성.
4. 각 목표에 대해 다음 질문을 자신에게 던지고 답변을 기록하라. 그게 정말로 당신의 목표인가? 그 목표는 도덕적이고, 윤리적이고,

성취 가능한가? 당신은 감정적으로도 신체적으로도 그 목표 달성을 위해 기꺼이 노력할 준비가 되었는가?

목표 달성에 대한 시한이 있는가? 없다면 정하라! 주어진 시한까지 그 목표를 달성하기 위한 계획의 세부사항을 적어라. 그 목표를 달성하기 위해 시각화를 할 수 있는가?

5. 당신의 간절한 바람에 가장 근접하게 맞춰서 그 목표를 이루기 위한 만트라, 즉 개인 사명선언서를 만들어라. 그 개인 사명선언서를 화장실 유리 위에 붙여라. 매일 거울을 볼 때, "나는 멋지다. 나는 해낼 수 있다."라고 말하고 나서 개인 사명선언서를 읽어라. 당신의 목표가 확실히 새겨질 때까지 아침저녁으로 반복하라!

6. 돈과 시간, 재능이 필요한 자원봉사를 통해 공동체에 나눔을 실천했던 방법을 일지에 기록하라. 이런 활동이 당신에게 어떤 느낌을 주는가? 당신이 도움을 주고자 하는 다른 자선 활동이 있는가? 다음 6개월 동안 매월 당신의 자원봉사 노력을 증가시킬 수 있는가? 당신이 하고자 하는 바, 혹은 기부하고자 하는 바를 기록하라.

당신의 간절한 바람을 알아내고 더 많은 자선 활동을 하게 된 것을 축하한다. 선순환 피드백이 작동되고 있다.

믿음

믿음은 삶에서 필요한 변화를 일으키도록 용기를 주고,
깨끗하고 긍정적인 매너를 갖고 자라도록 만든다.
모든 꿈이 목표로 전환되기 위해서는 믿음이 필요하다.

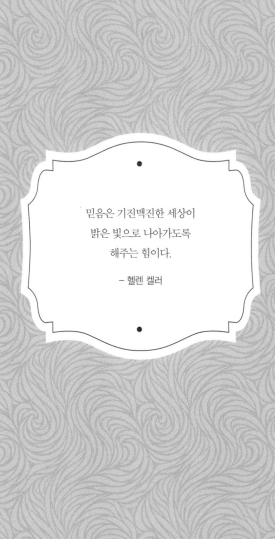

믿음은 기진맥진한 세상이
밝은 빛으로 나아가도록
해주는 힘이다.

– 헬렌 켈러

믿음이라는 단어를 들으면 가장 먼저 어떤 생각이 떠오르는가?

나폴레온 힐은 믿음이 종교적 믿음에만 적용된다는 고정 관념에 도전했다. 믿음이나 믿음의 결여는 정말로 운명을 결정한다. 믿음은 당신의 잠재의식이 따를 계획표를 만들어낸다. 부정과 믿음의 결여는 더 많은 부정을 낳는다. 반면 낙관, 긍정, 믿음은 성공할 수 있는 발판을 만든다.

믿음을 느끼고 알게 되면 어떤 일이 생겨도 굉장한 힘을 발휘할 수 있게 된다. 믿음은 우리 근육이 약해지고 마음이 지쳐버렸지만, 영혼은 아직 불타오를 때 우리를 추동해주는 연료다! 믿음은 세상일이 헛돼 보일 때 우리를 버티게 해주는 영양분이다. 믿음은 궁극적으로 각 개인 안에서 찾아내고 고취시킬 수 있다. 그래서 믿음을 제거할 수는 없다. 우리는 스스로 믿음을 발견하여 자신을 일으켜 세울 수 있고, 다른 사람들과 공유해서 그들 내면에서도 이를 찾아내도록 할 수 있다.

믿음의 중요성을 피력할 때면 걱정, 근심, 자기 의심과 같이 믿음에 반대로 작용하는 힘들에게 감사를 표해도 좋다. 이런 경향이 인간 조건의 한 부분일 수도 있지만, 걱정이나 자기 의심 등의 힘이 우리 삶에 얼마나 큰 작용을 할지 결정하는 것은 우리 각자에게 달려 있다.

나폴레온 힐은 "믿음은 자기 암시의 원리를 통해 잠재의식에 반복적으로 새겨진 암시나, 긍정으로 유도되거나 만들어진 마음의 상태이다."라고 말했다. 또한 그는 믿음이 생각의 울림과 합해지면 잠재의식을 자극하게 되고, 이는 무한한 지성에 이어지게 된다고 설명하고 있다. 기도가 그 예이다. 최근 정말로 무엇을 위해 기도했는지 자문해보라. 당신의 마음과 잠재의식에 무엇을 새겨넣었는가? 믿음인가? 아니면 믿음에 반대되는 힘이 당신을 지배하도록 허용하였는가? 당신의 독백이 긍정적인 자기 암시로 이어졌는가?

여성들은 믿음에 반대하는 힘인 근심과 걱정에 빠지기 쉽다. 그래서 그녀들의 삶에서의 역할을 제대로 이해해야 한다. 자신에 대한 믿음, 훌륭함에 대한 생각을 바꿀 필요가 있다. 이 모든 항목은 성공의 주요 요인들이다. 당신이 근심과 우울함에 빠져있다면 강한 믿음과 자신감을 가질 수 없다.

마요병원의 의사가 쓴 기사 〈여성이 갖는 우울함: 성별 차이에 대한 이해 Depression in women: Understanding the gender gap〉에 따르면 여성이 남성에 비해 약 두 배 더 많이 우울함을 느끼고, 5명 중 1명 비율로 일생의 어느 시점에 우울증을 느낀다고 한다. 그 원인에 대해서는 여러 가지 논란이 있지만, 사춘기, 월경 전 증후군, 임신 등의 호르몬 변화나 선천적 기질, 불안한 경력 등이 우울증에 영향을 미치는 것으로 알려져 있다.

더불어 남성에 비해 여성이 스트레스를 더 받도록 만드는 사회·문화적 환경에 대해서도 언급하고 있다. 첫 번째는 남성에 비해 여성이 더 가난한 환경에 처할 가능성이 높고, 불공평한 힘과 지위 때문에 그녀의 삶을 스스로 개척할 수 없다고 느낀다는 사실이다. 잘 알려진 유리천장은 물론, 동일한 일을 하지만 급여는 불공평하게 지급되는 차별도 있다. 가정과 공동체, 경제생활에서 여성의 기여가 제대로 평가받지 못하는 세계가 존재한다는 사실도 여성들이 차별을 느끼는 데 일조하고 있다.

그녀들이 처한 두 번째 상황은 너무 과다한 일의 양이다. 직장에서 일하는 여성들은 아직도 양육, 가사일, 심지어 웃어른까지 감당해야 하는 상황에 처해 있다. 여성들이 자신감보다 불안감을, 안심보다는 걱정을 더 느끼는 상황에서 불공평함, 낮은 지위, 과다한 일을 한다고 느끼는 것은 당연한 결과다. 우울함을 느끼면서 동시에 자신감을 갖는 것은 거의 불가능하다. 우울은 파괴적이다. 반면 자신감과 믿음은 건설적이다.

여성들이 스트레스를 느끼는 정확한 원인에 대한 논쟁에도 결국 중요한 것은 우리의 자신감을 어떻게 형성해갈 것이냐에 초점을 맞추는 것이다. 그렇게 함으로써 성공하는 삶을 이루는 긍정적인 생각과 에너지에 집중할 수 있게 된다.

여기서 믿음에 대한 정의와 성공하는 삶을 이루는 데 믿음이 어떤 역할을 하는지 나폴레온 힐의 생각을 재정리해보자.

믿음은 삶, 힘, 사고의 자극으로 행동을 유발하는 '영원한 영약'이다!

믿음은 과학 법칙으로는 설명이 되지 않는 모든 기적과 미스터리의 근거다!

믿음은 모든 부를 축적하는 출발점이다!

믿음은 실패에 대한 유일한 해결책이다!

믿음은 기도와 결합하면 무한지성과 직접 소통이 되도록 해준다.

믿음은 유한한 마음 때문에 만들어지는 일반적인 에너지를 영적인 에너지로 바꿔준다.

믿음은 무한지성의 우주적인 힘을 사람들이 이용할 수 있도록 해주는 유일한 중개자다.

사라 오메라와 이반 페더슨은 나폴레온 힐이 주장한 믿음의 정의를 증명해주고 있다. 그들은 믿음, 사랑, 확고한 목적으로 충만한 삶을 살았다. 사라와 이반은 함께 차일드헬프^{Childhelp}를 공동

여자를 위한 생각하라! 그러면 부자가 되리라

설립했다. 차일드헬프는 학대받은 아이들에게 신체적, 정서적, 교육적, 영성적으로 필요한 것들을 제공해주는 미국에서 가장 큰 비영리 단체다. 사라와 이반은 믿음의 나무를 언급했는데 어떻게 희망과 믿음의 씨앗으로 시작하여 어려운 시기에도 믿음을 유지하고, 그걸 키워서 강하게 만들 수 있는지에 대한 이야기다. 이런 과정을 통해 궁극적으로 어떻게 강한 믿음으로 결실을 얻고, 다른 사람들과 부를 나눌 수 있는지도 포함한다. 사실 부를 다른 사람들과 나누는 것이야말로 모든 보상 중에 가장 큰 보상이다.

●

믿음의 나무

●

자람

돈은 나무에서 자라지 않지만, 믿음은 나무에서 자란다. 근심은 만기가 오기 전에 지불되는 이자지만, 믿음은 은행에 있는 돈과 같다. 나폴레온 힐은 "믿음은 모든 부를 축적하는 출발점이다."라고 말했다. 우리는 종종 우리가 선택한 곳에 서 있는 자신을 발견한다. 믿음은 삶에서 필요한 변화를 일으키도록 용기를 주고, 깨끗하고 긍정적인 매너를 갖고 자라도록 만든다. 모든 꿈이 목표로 전환되기 위해서는 믿음이 필요하다. 이는 마치 화단에 희망의 씨앗을 심고 잘 가꾸면 인생에서 반드시 만나게 되어있는 폭풍을 이겨내고 살아남아 성공을 꽃피우는 것과 같다.

우리가 비영리 단체인 차일드헬프를 설립하기 시작했을 때 믿음이 그 기초가 되었다. 믿음은 그 안에 홍보 센터, 거주 시설, 입양 알선 기관, 위탁 돌봄, 수용 시설 등을 심는 토양이 되었다. 우리의 노력은 아동 학대 방지 관련법이 제정되고, 그 교육이 시행되는 결실로 이어졌다. 우리는 학대받는 아동을 알리는 것이 신의 계획이고, 신이 항상 그 길로 안내한다는 것을 깨달았다. 높으신 분이 땅을 비옥하게 하고, 비전을 키워주고, 우리 아이들에게 밝은 해를 비추고 있다는 것을 믿어 의심치 않았다.

하지만 만약 당신에게 믿음이 없다면 어떻게 될까? 어려운 시기가 닥치고 실망감으로 믿음이 사라진다면 당신은 성공할 수 있을까? 당신은 믿음을 영적으로 알 수 있고, 당신 안에 있는 믿음을 찾아낼 수 있다. 유명한 성경 비유처럼 겨자씨만큼 아주 작은 믿음만 있어도 나무를 뿌리째 뽑을 수 있고 산을 옮길 수도 있다. 당신의 나무를 심기 전에 성공적인 성장에 대한 정의를 내리고, 어떻게 토양을 비옥하게 만들지 결정하라.

믿음이 충만한 삶을 살기로 선택하면 바람과 희망이 당신에게 자성을 주어서 구름 위로 솟아오르도록 만들 것이다. 겉으로 나타난 한계 너머로 모든 것들을 보게 될 것이고, 자신과 다른 사람들을 더 소중하게 여기게 될 것이다. 따라서 당신 혼자만의 금전적인 부를 추구할 것인지, 아니면 다른 사람들을 도움으로써 생기는 영적인 부를 추구할 것인지 자문해보라.

생존

2001년 9월 11일 미국에서 발생한 엄청난 테러 이후 잔해 속에서 가지가 부러지고 불에 그을린 나무가 발견되었다. 그 나무는 작은 캘러리 배나무로, 잔해 밑에 있었으면서도 몇 개의 싹이 움트고 있었다. 이 나무의 발견으로 피곤에 지쳐있던 구조대원들은 활기를 되찾았고, 나무는 회복의 상징이 되었다. 사람들은 나무를 살리기로 결정하고, 공원 관계자들과 복원 전문가들이 협력하여 테러가 발생한 장소에 심었다. 세찬 폭풍우로 나무 뿌리가 드러나기도 했지만, 다시 자리를 잡고 마침내 다시 한번 더 희망의 하얀 꽃을 피웠다. 그 나무는 생존 나무로 불리고 있다.

학대받고 방치된 아이들은 영혼이 그을리고, 삶의 뿌리가 뽑힌 채 우리에게 온다. 차일드헬프의 각 주거지에는 화단이 있는데 이곳에서 아이들은 과일과 채소 씨를 심고 가꾸면서 성장 과정을 관찰하고 생존의 중요성을 체험한다. 우리는 아이들에게 과거는 미래의 풍성한 결실을 막을 수 없다고 가르친다. 마치 생존 나무처럼 아이들은 작은 씨앗이 위대한 결실을 맺을 수 있다는 것을 배운다. 비록 그 나무가 때때로 뿌리 뽑힐 수도 있겠지만, 가지가 뻗어 나와 결국 다시 온전한 나무가 될 기회가 항상 있다는 것도 배운다.

당신의 과거가 앞길을 막거나, 계속 좌절을 안긴다면 어떻게 할까? 과거에서는 교훈을 배울 때를 제외하고는 뒤돌아볼 필요가 없다. 그 교훈 중 미래에 도움이 되는 긍정적인 것들만 취하라. 슬

폼은 뒤를 보고, 근심은 주위를 둘러보고, 믿음은 위를 보게 한다. 나폴레온 힐은 "믿음은 실패를 치유하는 유일한 치료제."라고 말했다.

번창

일단 당신이 신뢰 속에서 자랐고 믿음 테스트에서 살아남았다면 큰 힘과 책임을 갖게 될 것이다. 신의 길을 따른다면 환경, 약점, 그리고 삶에서 만나는 모든 걸림돌을 극복하게 될 것이다. 지금이 바로 당신이 번창할 시간이다! 시련을 극복할 수 있다는 자신감을 갖게 되고, 꿈이 실현되는 것을 보게 될 것이다. 마침내 당신은 반짝이는 아이디어를 확실히 실현하는 방법을 알 수 있게 될 것이다. 이것이 바로 나폴레온 힐이 그처럼 확실하게 정의했던 믿음의 최종 정점이다. 믿음은 삶, 힘, 생각의 충동에 따른 행동을 유발하는 '영원한 영약'인 것이다.

다른 사람들이 당신을 보면서 믿음을 통해 성공하는 사람이라고 평하는 것이 무엇보다 중요하다. 우리가 배운 가장 중요한 교훈이 성공은 종착점이 아니고, 우리 생각은 매일 형성되어 간다는 것이다. 차일드헬프의 아이들부터 직원들, 자원봉사자들, 친구들과 가족들에 이르기까지 우리 모두는 "우리의 생각이 바로 우리의 행동이 된다. 따라서 긍정적인 생각이 긍정적인 결과를 낳는다. 긍정적인 생각의 또 다른 표현이 바로 믿음이다."라고 믿고 있다.

여자를 위한 생각하라! 그러면 부자가 되리라

믿음이 당신의 삶과 성공에서 어떤 역할을 하는지 자신에게 물어보라. 삶에서 마주친 어려움을 돌파했던 때를 기억해보자. 그때 믿음이 어떤 역할을 했는가?

여기 성공 성취에 있어서 믿음의 절대적 중요성을 보여주는 개인 성공 방정식을 소개한다.

$$[(P + T) \times A \times A] + F = \text{개인적 성공}$$

나폴레온 힐이 그 당시에 가장 성공한 사람들을 조사하고 연구해서 성공의 법칙을 알아냈듯이, 여기 제시한 성공 방정식도 현대 기업 리더들의 난관을 극복하는 능력과 그들의 성공에 필요한 핵심 요소가 무엇인지 분석해서 만들어졌다. 당신의 열정^{Passion}과 재능^{Talent}을 잘 조합^{Associations}하고 올바른 행동^{Actions}을 취하면 당신은 성공의 길에 들어서게 된다. 하지만 성공하고 살다가 마주칠 난관을 확실하게 극복하기 위해서는 믿음^{Faith}이 필요하다. 자기 자신, 사명, 성공 능력을 믿음으로써 어려운 시기도 견뎌내고, 보다 더 높은 성공의 경지에 다다를 수 있을 것이다.

테스 카시에터는 세계여성임파워먼트네트워크$^{Global\ Women's}$ $^{Empowerment\ Network}$의 공동 창립자이자 최고 운영 책임자이다. 이 네트워크는 여성들이 학대를 당하지 않도록 격려하고 돕는 비영리 단체이다. 테스는 프로듀서, 비디오 예술가, 저널리스트이자 전 세계에 평화, 정의, 평등을 전파하기 위해 헌신하는 사회기업가이기도 하다. 그녀는 소셜 네트워킹을 통해 130만 명의 아이들에게 식량을 제공하고 2004년 쓰나미 이후 스리랑카에 38채의 집을 지을 자금을 모으기도 했다. 테스에게 삶에서 믿음이 어떤 역할을 했는가에 대한 대답은 다음과 같았다.

"저는 수년 동안 나폴레온 힐의 가르침을 따르기 위해 노력했습니다. 나폴레온 힐의 성공 원칙들 중 네 가지를 제 비즈니스 경영의 주춧돌로 삼았습니다. 그 네 가지는 믿음, 받은 보수 이상으로 일하기, 긍정적인 마음가짐, 팀워크였습니다. 이 원칙들을 활용하여 전 세계의 여성들과 어린이들을 도울 수 있었습니다. 이 네 가지 원칙들 중 믿음이 가장 중요하다고 생각합니다. 오늘날 우리 모두가 헤쳐 나가야 할 지구상의 모든 시련과 고난 속에서 저를 가장 앞으로 나아가도록 만들고, 저에게 이처럼 긍정적인 태도를 갖도록 만드는 힘이 바로 믿음이었기 때문입니다. 믿음은 제가 자랑스럽게 여기는 사람들로 팀을 만들 수 있게 해주었고, 열린 마음을 가져다주었습니다. 또한 믿음은 매 순간 겪는 경험들에서 교훈을 얻도록 해주고 있습니다."

다음에는 주위에 있는 모든 사람에게 영감을 주고, 동기 부여를 하고, 즐거움을 주는 대단한 여성, 리타 데이븐포트를 소개하겠다. 리타는 자신의 텔레비전 쇼를 진행하고 있을 뿐만 아니라, 거의 1억 달러 매출을 기록하고 있는 네트워크 마케팅 회사의 사장이기도 하다. 리타는 회사의 모든 직원이 최상의 성과를 내도록 영감을 주고 있다. 최근 출간한 책《퍼니 사이드 업Funny Side Up》에서도 멋진 조언을 주고 있다.

"당신은 성공할 자격이 있지만 자신이 믿는 정도만 성공을 누리게 될 것입니다. 만약 자신을 믿지 않으면 모든 사람이 그 사실을 눈치챌 것입니다. 대중은 바보가 아닙니다. 만약 자신을 믿지 않는다면 그 사실이 얼굴에 나타나고, 다른 사람들이 그걸 알아챌 수 있습니다. 당신조차 자신을 믿지 못하는데 다른 사람들이 당신을 믿을 수 있겠습니까? 그들은 자신에 대한 믿음을 유지하는 데만도 충분히 힘이 듭니다!"

.

자신감 공식

.

모든 안 좋은 환경을 물리치고, 자신이 계획한 삶을 살아가겠다고 다짐하라. 정신적 자산과 부채에 대한 재고 조사를 하다보면 당신의 가장 큰 약점이 자신감 부족이라는 사실을 발견할 것이다. 자기 암시를 통해 약점을 극복할 수 있고, 소심함을 용맹함으로 바꿀 수 있다. 이 법칙을 적용하기 위해서는 잠재의식에 영향을 미칠 때까지 긍정적인 생각을 적어놓고, 외우고, 반복하여야 한다.

첫째, 나는 내 삶의 확실한 목표를 달성해낼 수 있는 능력을 가졌다는 것을 안다. 따라서 나는 인내심을 갖고 목표 달성을 위해 끊임없이 행동하도록 자신을 다그칠 것이다. 바로 지금 여기서 그런 행동을 실천하기로 약속한다.

둘째, 나는 내 마음속을 지배한 생각이 겉으로 드러나고, 실제 행동으로 이어지면서 서서히 내 자신이 된다는 것을 알고 있다. 따라서 나는 하루 30분 정도 내가 본받고자 하는 사람을 생각하고, 그럼으로써 되고자 하는 이미지를 마음속에 그려내는 데 집중할 것이다.

셋째, 나는 마음속에 확고히 지닌 모든 바람은 자기 암시의 원리를 통해 어떤 방법을 통해서든 실제로 이루어진다는 사실을 알고 있다. 따라서 나는 하루 10분을 투자해서 자신감을 키울 것이다.

넷째, 내 삶의 확실한 주요 목표를 명확하게 기술하고, 그 목표 달성을 위해 자신감을 충분히 키우도록 계속해서 노력할 것이다.

다섯째, 나는 어떤 부나 지위도 진실과 정의 위에서 만들어지지 않으면, 결코 지속될 수 없다는 사실을 충분히 알고 있다. 따라서 나는 거래 당사자 모두에게 이익이 되지 않는 어떤 거래에도 참여하지 않을 것이다. 나는 자신이 원하는 힘을 나에게 끌어당기고, 다른 사람들과의 협력을 바탕으로 성공을 성취할 것이다. 그러면 내가 다른 사람들에게 기꺼이 봉사하듯이 다른 사람들도 나에게 봉사하게 될 것이다. 모든 인류에 대한 사랑을 실천함으로써 미움, 질시, 질투, 이기심, 냉소주의를 몰아낼 것이다. 왜냐하면 다른 사람들을 향한 부정적인 자세는 성공을 가져다주지 못하도록 할 것이기 때문이다. 다른 사람들이 나를 믿도록 만들 것이다. 왜냐하면 나는 그들을 믿고, 나 자신을 믿기 때문이다.

나는 이 공식에 내 이름을 새겨 넣고 매일 한 번씩 큰 소리로 반복해서 읽으면서 기억하도록 할 것이다. 믿음으로 충만하면 믿음이 내 생각과 행동에 서서히 영향을 주면서 나를 독립적이고 성공한 사람으로 만들어줄 것이다.

• 믿음 실천하기 •

나는 열아홉 살 때 《생각하라! 그러면 부자가 되리라》를 읽었다. 그 당시 나에게 믿음이라는 단어는 교회에 나가서 밤마다 기도하는 것을 의미했다. 하지만 살다보니 믿음이 종교적인 차원을 훨씬 더 넘어선다는 것을 깨닫게 되었다. 대부분의 사람들과 마찬가지로 나도 내 삶과 내가 취한 결정과 행동, 어떻게 성공으로 나아갈 수 있었는지 알려달라는 요청을 많이 받았다. 믿음은 나에게 그런 과정을 따라가도록 만드는 것이기도 하고, 그 과정이 최고의 선택이었다는 사실을 깨닫고 확신을 갖도록 하는 것이기도 하다.

나는 내 삶에서 믿음의 역할이 중요하다는 사실을 깨달아가고 있다. 수년 전 교사로 일할 때 내가 가르치는 교과목을 준비하면서 내 삶을 변화시킨 정의를 우연히 발견했다. 그건 '걱정'이라는 단어의 정의였다. 그 정의는 "걱정한다는 것은 당신이 원하지 않는 것을 달라고 기도하는 것이다!"라는 구절이었다.

나는 내내 걱정에 휩싸여 살아왔다. 이 단순한 정의가 걱정의 폭풍 속에서 헤매던 나를 멈추도록 해 주었다. 그리고 원하지 않는 것에서 진정 원하는 것으로 생각을 바꾸고 기도하도록 초점을 바꾸어주었다. 그 정의는 내 생각, 내 마음가짐, 내 삶에 엄청난 충격을 주었다.

나폴레온 힐의 믿음에 대한 정의를 읽을 때마다 그것이 지닌 경외감을 느낀다. 믿음을 만들어내고 단단하게 만들도록 노력했던 삶을 되돌아 생각하면 그 과정에서 영적인 스승들로부터 크나큰 선물을 받았다는 것을 깨닫게 된다. 영적인 스승들은 지상에 내려온 천사들로 내가 쓰러졌을 때 일으켜 세워주고, 가장 깊은 절망에 빠졌을 때 기도로서 안아 일으켜 세워주었으며, 감사해야 하는 모든 것들을 되새겨보게 해주었다. 스승들은 매일매일 그들의 삶속에서 가장 위대한 믿음을 실천하고 보여주었다.

나는 '선택', '용기', '해방' 등의 단어들에서 삶의 중요한 의미를 갖는다. 삶의 방향을 바꾸는 용기를 냈을 때, 전능한 힘에 인도되어 결과를 맡겼을 때, 가장 큰 성공을 거둘 수 있었다. 예를 들어 스물여섯 살 때 공공회계 분야에서 쌓았던 성공적인 직장생활을 떠나 회사를 창업한 일이다. 내가 내린 최악의 비즈니스 결정이었지만, 덕분에 삶을 사랑하게 되었고 남편이자 34년 동안 가장 친한 친구가 되어 준 마이클을 만남으로써 보상을 받았다. 이건 확실한 내 승리였다! 나는 직업을 바꾸는 용기를 냈고, 결정을 할 때 전능한 신을 향한 믿음을 가졌다.

나는 "믿음과 함께 결단하라!"가 맞다고 생각한다. 미래가 어떻게 될지 알지 못했지만, 미래에 대한 걱정은 신에게 맡겼다. 신이 나를 위한 계획을 갖고 있다고 믿었다. 몇 달 지나지 않아 나폴레온 힐 재단의 최고 경영자인 돈 그린으로부터 전화가 와서 《가까이 있는 보물Three Feet from Gold》라는 책을 써보자는 제안을 받았다. 그러고 나서 돈은 나폴레온 힐의 미간행 원고인 〈악마를 뛰어넘기Outwitting the Devil〉를 접할 기회를 내게 주었다. 이 원고는 74년 이상 세상에 선보인 적이 없었다. 그러고 나서 지금 영광스럽게도 이 책 《여자를 위한 생각하라! 그러면 부자가 되리라》를 쓸 기회를 잡은 것이다.

· 믿음에 대한 조언 ·

게일 데버스
올림픽 3관왕

"당신의 꿈이 살아있도록 하십시오. 무언가를 얻기 위해서는 당신 자신, 비전, 성실, 결단, 헌신에 대한 신뢰와 믿음이 필요합니다. 모든 일은 믿는 사람에게만 일어난다는 것을 기억하십시오."

마티나 맥브라이드

미국의 컨트리 음악 가수이자 작곡가

"믿음이 항상 당신 손안에 없다고 믿으면 계획대로 일이 진행되지 않을 것입니다. 그러니 당신에 대한 계획이 있다는 믿음을 갖고, 당신의 직감을 따르고, 어찌 됐든 자신을 믿어야 합니다."

헬렌 켈러

미국 작가

"낙관주의는 성취를 이루도록 하는 믿음입니다. 희망과 신뢰가 없이는 아무것도 이룰 수가 없습니다."

에밀리 디킨슨

미국 시인

"희망은 영혼 안에 자리 잡은 채, 말없이 끊이지 않고 노래를 부르는 깃털 달린 것입니다."

믿음의 강도를 어떻게 높일 수 있을까?

나는 계속해서 내 믿음을 평가하고 믿음의 강도를 높일 방법을 찾다가 한 시에서 큰 도움을 받았다.

가족과 친구가 준 믿음의 시

믿음을 갖는다는 것은 논리를 버리는 것.

믿음은 긍정적인 생각을 하게 한다.

믿음은 우리 고통에 깊은 연민을 갖는

사랑하는 신이 있다는 것을 믿는 것.

수많은 실패 후에도 삶과 우주 그리고

자신을 믿는 것은 당신이 용기를 가졌다는 것을 보여준다.

믿음은 용기 있는 행동.

아침에 일찍 일어나 두려움을 마주하면서

신이 우리를 도울 것이라고 믿는다.

믿음은 비록 우리가 100번이나 실패를 했더라도

다음번에는 성공할 수 있을 것이라는 연료를 주는 것.

• 스스로에게 물어보기 •

　이번 장을 읽으면서 당신의 실행 단계를 파악하고, "아하"라는 감탄사를 자아내고, 성공 성취를 위한 당신의 계획을 만들어내는 데 일지 쓰기를 활용하라!

1. 당신 안의 믿음은 얼마나 강한가?
2. 자신의 타고난 재능을 파악했는가?
3. 자신이 능력있다고 믿는가?
4. 불확실성이나 걸림돌과 마주쳤을 때 그것들과 정면 대응을 선택하는가, 아니면 회피하는가?
5. 긍정적인 혼잣말을 하는가? 시간을 내서 그 혼잣말을 일지에 기록하라.
6. 믿음에 대한 개인적인, 비즈니스, 재정적인, 신체적인, 영성적인 분야에서 첫 번째로 마음에 떠오르는 생각을 적어보라. 이들 분야 중 몇몇에서는 당신의 믿음을 적는 것이 쉽지만, 다른 많은 항목에서는 훨씬 더 어렵다고 느낄 것이다. 예를 들면 당신의 영성적 삶이나 개인적 삶에 관련된 믿음에 대해서 말하는 것은 매우 쉬운 일일 수도 있다. 반면 재정적인 삶이나 비즈니스 삶에 대한 믿음을 쓰는 것은 좀 더 어려울지도 모른다. 당신은 어떤 분야에 믿음을 적어 넣는 것이 가장 어렵다고 파악했는가?
7. 시간을 내서 마음에 떠오르는 생각들을 일지에 적어 보아라. 그게

부정적이든 긍정적이든 상관없다. 예를 들면 "내 재정적인 삶에 대한 믿음? 아하! 나는 재정적으로는 절대 성공하지 못할 것이다. 나는 정말로 기회를 잡을 수 없다." 이런 생각은 부정적이다.

8. 시간을 내서 당신의 부정적인 생각들을 긍정적인 생각들로 바꿔서 다시 적어 보아라. 예를 들어 앞에서 제시했던 문장을 "나는 재정적인 삶을 향한 믿음이 있다. 과거의 잘못에서 배우고, 그에 따라 준비하고, 결심해서 나의 미래 재정 상황을 긍정적으로 풀어낼 수 있다."로 다시 쓸 수 있다.

나폴레온 힐은 "당신의 잠재의식에 긍정적인 주문을 반복적으로 해주는 것만이 믿음이 발전하는 유일한 방법이다."라고 말했다.

당신의 능력에 대해 확신하고 당신의 믿음을 새로이 하기 위해 나폴레온 힐이 제시한 자신감 공식을 적용하는 연습을 매일 하도록 하라.

첫째, 나는 나의 명확한 목표를 성취하기 위해 내가 할 수 있는 능력만큼만 발휘할 것이다. 이 목표 성취를 위해 매일 그에 적합한 행동을 할 것이다.

둘째, 나는 내가 되리라 믿는 대로 될 것이라는 사실을 알고 있고, 나 자신만의 현실을 만들어갈 것이다. 매일 30분 동안 내가 본받고자 하는 사람의 성격과 행동에 집중함으로써 내가 원하는 사람이 될 것이다.

셋째, 나는 성공을 성취하는 데 있어서 긍정적인 혼잣말과 믿음의 중요성을 이해하고 있다. 나는 자신감을 키우기 위해 매일 10분씩 투자할 것이다.

넷째, 나는 내 삶의 목표를 명확하게 파악하고 적어놓겠다. 나는 목표 달성에 필요한 자신감을 가지기 위해 끊임없이 노력할 것이다.

다섯째, 나는 다른 사람들에게 봉사함으로써 성공을 이룰 것이다. 그러기 위해 매일 진실되게 살고 내 행동에 영향을 받는 모든 사람을 배려하면서 살 것이다. 또한 내 삶의 가치를 공유하는 사람들을 도울 것이다. 내가 다른 사람들을 믿듯이 나 자신에게도 믿음을 가질 것이다.

자기 암시

자기 암시는 잠재의식에 영향을 끼치는 중개자다.
자기 암시를 더 많이 이용할수록 삶이 더 강해질 수 있다.

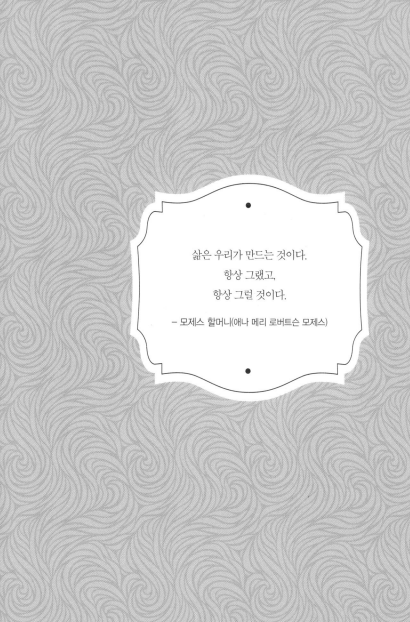

삶은 우리가 만드는 것이다.
항상 그랬고,
항상 그럴 것이다.

– 모제스 할머니(애나 메리 로버트슨 모제스)

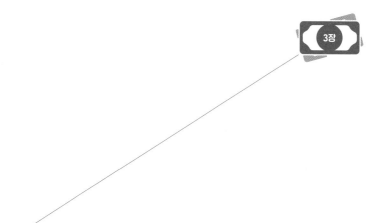

당신은 현명한 행동이 아니고 그러지 말아야 한다는 걸 확실히 알면서도 자신에게 눈을 부라리고, 빈정대는 혼잣말을 하는 실수를 저지른 적이 있는가? 당신이 일을 잘 해냈거나, 승리를 거둬 발견한 당신의 엄청난 능력을 축하하는 것은 어떻게 생각하는가? 당신은 어려운 상황을 만나 좌절하거나 절망감을 느낄 때 자신에게 격려의 말을 하거나, 이를 극복할 수 있다는 믿음을 반복해서 외침으로써 곤경을 헤쳐 나갈 수 있다.

우리 대부분은 마음가짐과 잠재의식에서 혼잣말의 영향력을 알지 못한 채 혼잣말을 하고 있다. 긍정적이거나 파괴적인 피드백이 성취감이나 무력감을 증폭시킬 수 있는 것처럼 자기 암시가 성공의 정도, 더 중요하게는 성공 가능성에 대한 믿음에도 직접적으로 영향을 줄 수 있다.

자기 암시라는 용어는 종종 사람들로부터 오해를 받기도 한다. 많은 사람이 자기 암시를 무대 위에서 공연하는 마술사와 관련이 있다고 생각한다. 다른 사람들은 반기독교인 또는 무신론이라고 믿기도 한다. 오해를 바로 잡자.

자기 암시는 "의식적인 생각이 아니라 정신적 과정으로 자신의 태도, 행동 또는 신체가 영향을 받는 것."이라고 사전에 정의되어 있다. 나폴레온 힐은 "자기 암시는 개인이 잠재의식에 창조적인 생각을 스스로 집어넣도록 하거나, 파괴적인 속성을 가진 사고가 풍성한 마음의 정원으로 들어오도록 방치하는 도구다."라고 말했다.

우리는 각자 긍정적인 생각이나 행동에 집중함으로써 상황을 의식적으로 바꿀 수 있는 능력을 지니고 있다. 이런 능력을 발휘하게 되면 잠재의식도 그에 맞춰 바뀌게 된다. 이런 일은 우리 삶에서 긍정적인 결과를 얻으려고 집중할 때 일어난다. 여기서 말하는 긍정적인 결과는 우리가 받기를 원하는 것은 물론 그것을 받기 위해 반대급부로 내주는 대가들도 의미한다.

자기 암시는 우리가 꾸준히 이용할 수 있는 도구다. 자기 암시를 더 많이 이용할수록 삶이 더 강해질 수 있다. 삶에서 겪는 체험과 사건이 인간의 경험을 쉽게 조정할 수 있다. 그리고 그 조정이 종종 더 좋지 않은 결과를 초래하기도 한다. 우리가 두려움이나 다른 부정적인 감정을 유발하는 사건들에 맞닥뜨린다면 그 사건들은 우리 마음속에 기록되고, 자리를 잡아서 삶의 경험을 막아버리는 가림막이 된다.

여성들은 감성과 지성이 내적으로 연결되어 있기 때문에 특히 부정적인 생각에 더 민감하게 반응한다. 여성들은 한 번에 많은 일을 생각할 수 있다. 그렇기 때문에 부정적이고 자기 파괴적인 생각들이 의식에 쉽게 파고들고, 잠재의식 속에 자리를 잡고 들어앉을 수 있게 된다. 자기 암시 분야에서 수년 동안 일하면서, 자기 암시를 제대로 활용할 때 여성들이 남성들보다 더 큰 수준의 해방감을 느낀다는 것을 발견했다. 여성들은 자기 암시의 원리를 적용하여 부정적인 생각이나 느낌으로부터 더 큰 수준의 힘과 삶에 대한 통제를 이끌어냈다.

나폴레온 힐은 "자기 암시의 원리를 이용하는 능력은 단순한 바람이 불타오르는 열망이 될 때까지 집중하도록 만든다."라고 말했다.

이 원리는 정말로 중요하다. 나폴레온 힐이 말하고자 하는 바는 자기 암시를 실천하면 자기 암시가 무한한 보상을 가져다 준다는 것이다. 집중하라. 집중의 두 요소는 의도와 주의이다. 이 두 단어는 당신의 가장 큰 욕구가 드러나도록 만드는 열쇠. 의도와 주의를 더 많이 실행할수록 당신이 바라는 경험을 더 많이 느끼고 알게 될 것이다.

여성들은 느끼는 생명체다. 조물주는 아주 중요한 이유로 우리 여성들이 느끼도록 창조했다. 여성들의 뇌는 좌뇌와 우뇌가 정교하게 신경 네트워크로 연결되어 있다. 그 때문에 여성들은 사물을 직관적으로 느끼고 나서 지능적으로 그 느낌을 처리한다. 이는 조물주가 여성들에게 특별히 준 선물이다.

언젠가 심리학자인 내 친구는 "여성들은 뇌의 감성 부분과 이성 부분 사이를 통하는 고속도로를 갖고 있어. 반면 남성들은 흙길을 갖고 있지."라고 말했다. 우리는 왜 여성들이 이런 선물을 받았는지 자문해볼 필요가 있다. 또한 이런 능력을 우리가 사랑하는 사람들, 나아가 인류를 위해 어떻게 사용할 수 있는지에 대해 생각해봐야 한다.

나폴레온 힐이 제안했듯이 "떠오르는 생각을 당신의 상상력에 넘겨라. 그리고 당신의 상상력이 단순한 바람에서 어떻게 돈을 버는 구체적인 방법을 만들어내는지 지켜봐라." 이제 당신은 기쁨, 많은 돈을 버는 것, 영향력과 같은 느낌들을 갖게 될 것이다. 그리고 이런 느낌들을 당신의 상상력이자, 무엇이든 그려낼 수 있는 마음에 품을 수 있을 것이다.

여성들은 느끼기도 하지만 행동하기도 한다. 당신은 자녀들의 대학 등록금을 내고, 집을 사고, 별장을 구입하고, 여행 등 특별한 행사를 위한 완벽한 재정 계획을 갖기 원하는가? 은퇴를 대비해서는 어떤가? 지금 당신이 몇 살인지는 모르겠지만, 뒤를 돌아보면서 "와우, 지난 5년 동안 나에게 무슨 일이 있었는지 모르겠네. 5년이 순식간에 지나갔네!"라고 말할 것이다. 모든 사람은 삶의 어느 지점에서 높은 수준의 자유와 안정을 경험하기를 원한다. 은퇴는 더 이상 나이와 관련된 문제가 아니라, 돈을 얼마나 갖고 있느냐에 대한 문제가 되었다.

만일 당신이 영향력을 추구한다면 성공적인 노력의 결과로 더 나아진 세상을 상상해보라. 상상의 도화지 위에 삶의 가장 중요한 단계에 대한 구체적인 계획을 담은 그림을 그리기 시작하라.

그러고 나서 나폴레온 힐의 진심 어린 충고를 따르도록 하라.

"당신의 잠재의식이 당신에게 필요한 계획을 세워서 넘길 거라는 요구와 기대를 가져라. 그 계획들을 받아들일 준비를 하라. 그리고 그 계획이 주어지면 즉시 실행에 옮겨라. 그 계획들은 아마도 '영감'의 형태로 섬광처럼 마음에 들어올 것이다. 이 영감은 무한지성으로부터 오는 직통 전신처럼 생각될 수도 있다. 존경심을 갖고 그 영감을 대하고, 그 영감을 받자마자 행동에 옮겨라. 그렇게 하지 않으면 당신의 성공에 치명타를 입을 것이다."

대부분의 사람들은 자신들이 원하는 것을 갖지 못한다. 왜냐하면 그들 삶 속에 자신이 원하는 일들이 일어날 공간을 확보하지 못하고 있기 때문이다. 나폴레온 힐이 알려준 것처럼 자기 암시 기법은 우리의 의심과 두려움을 날려버리고, 무한지성에게서 영감을 받아들일 수 있는 넓은 공간을 확보하도록 만들어준다. 당신 삶 속에 자기 암시를 활용하는 방법을 알게 되면 확보된 공간을 무엇으로 채워야 하는지 알 수 있게 된다.

우주 법칙에 의하면 우리는 진심으로 원하는 것만을 얻을 수 있다. 당신은 자석이다. 당신의 의도가 불확실하거나 약하면 당신은 불확실한 결과를 얻게 될 것이다. 삶의 모든 분야에서 성공적인 수준의 결과를 얻지 못하는 이유는 대부분 우리 자신의 기대가 제한적이기 때문이다. 나폴레온 힐이 당신의 잠재의식이 당신에게 필요한 계획을 넘길 거라는 요구와 기대를 가지라고 말한 것은 자기 암시를 최대로 활용하여 당신이 얼마나 단호하게 이를 실천해야 하는지 강조하고 있는 것이다. 더 나은 결과를 위한 변화를 보고자 하는 자신의 절대적인 일념과 기대는 가장 강력하게 무한지성의 힘을 끌어당길 것이다. 무한지성으로부터 해답과 계획, 아이디어가 전달되기를 기대하라. 그리고 지성, 아이디어, 계획의 보따리를 받게 되면 그것들을 놓치지 마라!

나폴레온 힐은 "당신이 갖기를 바라는 돈에 대한 비전을 만든 다음에는 그 돈에 대한 대가로 제공할 서비스나 재화를 생각해보라. 이 점이 중요하다!"라고 강조했다. 주고받는 법칙은 부의 선순환에 있어 매우 중요한 요소다. 부는 일방통행 길로 흐를 수 없고, 만약 일방통행이길 바란다면 부와 성공에 대한 당신의 바람은 길을 잃게 될 것이다. 이를 위해서는 자신의 가치를 먼저 알아야 한다. 그러고 나서 당신의 믿음과 노력을 통해 당신의 가치를 열 배 향상시켜야 한다. 여성들은 자신의 가치를 과소평가하는 경향이 큰데, 이것이 바로 우리 여성들이 노력에 상응하는 성과를 얻지 못하는 가장 큰 이유다.

당신은 자기 암시를 실천하고 있는가? 실천하고 있다면, 살아가면서 자기 암시가 당신에게 어떻게 도움을 주는지 생각해보라.

실천하고 있지 않다면, 이것이 바로 당신이 찾고 있는 해답이 될지도 모른다. 왜 실천하고 있지 않은지 자문해 보라.

· 자기암시 실천하기 ·

나의 지난 삶을 되돌아 봤을 때 그 당시에는 그 사실을 알지 못했고 또 의식적으로 실천하진 않았지만, 자기 암시가 중요한 역할을 해왔다.

나는 제2장 믿음에서 스물여섯 살에 맞은 내 인생의 전환점을 이야기했었다. 그 당시에 믿음을 갖고 도약했고 공공회계 분야를 떠나 비즈니스를 시작했다. 결정을 내리기 전 나는 노란 메모지를 활용해서 거기에 새로운 기회를 선택했을 때 갖는 장점과 단점을 써넣었다. 장점과 단점 항목 리스트는 상당히 길었고, 그 때문에 좌절감에 빠졌다. 그 리스트를 재검토하기 위해 침대 위에 앉았을 때 마치 전능한 힘이 내 손을 움직이는 것처럼 리스트의 상단에 "그냥 해보는 건 어때?$^{why\ not}$"라고 써넣었다. 그리고 나에게 질문을 던졌다.

"새로운 걸 시도해보는 건 어때? 한번 해보는 건 어때? 이 흥미진진한 기회가 너를 어디로 이끌지 알아보는 건 어때?"

이 두 단어$^{why\ not}$가 내 삶을 안내하는 나침반이 되었다. 그리고 종종 나는 이 단어들을 자기 암시의 도구로 활용한다. 이 과정을 통해 나는 한 걸음 뒤로 물러서서 보다 큰 그림을 바라보게 되었다. 나는 내 틀에서 벗어날 수 있게 되었고 보다 편안하게 기존의 것에서 벗어나게 되었다. 이 과정을 통해 나는 무엇이 될 수 있는지에 대한 비전을 갖게 되었다.

따라서 종종 당신의 "왜why"를 찾아보는 게 좋다. 가끔 당신의 '왜'와 '열망'이 두려움이란 문 뒤에 숨어있을 것이다. 따라서 우선 자신에게 "~해보는 건 어때?"라고 질문을 던져봐라. 그 질문이 믿음을 갖고 도약하는 용기를 줄지도 모르지 않은가.

나폴레온 힐은 자기 암시가 특히 특정한 목표 달성과 관계가 있다고 말한다. 나의 경우도 그러하다. 내 삶의 확실한 목표이자 간절한 바람은 전 세계적으로 고등학교 교과 과정에 금융을 필수 과목으로 만드는 것이다. 나는 이 목표를 내가 하는 모든 일에 포함시켰다. 대통령 자문 위원회와 미국 공인 회계사 협회의 금융 리터러시 위원회에서 활동하면서 미국 내에서 이에 대한 목소리를 낼 수 있었다. 목표를 실현하기 위해서 우선 미국 지역 내에 초점을 맞추고 있으며, 매일 읽는 다음 목표를 편지로 쓰고 있다.

"2015년 이전에 나는 금융이 고등학교 교육 과정에 필수과목이 되도록 만들 것이다. 이 일을 내 고향인 애리조나주에서 먼저 시작할 것이다. 비영리 단체, 공동체 리더들, 정부 리더들과 힘을 합쳐서 모든 애리조나주 학생들에게 금융교육을 실시하도록 하는 법안이 통과되도록 만들 것이다."

2013년 6월 20일에 애리조나주 주지사인 얀 브루어가 그 법안에 서명했다. 이 법안은 고등학생들이 사회에 진출하기 전에 개인 재정 관리 능력을 갖추도록 하는 조치 중 첫 단계다.

나는 이제 애리조나주에서 다른 주들, 더 나아가 온 세계가 애리조나주의 선례를 따르도록 하는 데 집중할 수 있게 되었다.

• 자기 암시에 대한 조언 •

캐서린 맨스필드

뉴질랜드의 가장 유명한 작가

"우리의 태도를 바꿀 수 있다면, 삶을 다르게 볼 수 있을 뿐만 아니라 삶 자체가 달라질 것입니다. 삶이 모습을 바꾸는 이유는 우리가 태도를 바꿨기 때문입니다."

아인 랜드

작가이자 철학자

"모든 사람은 자기가 원하고 할 수 있는 한까지 올라갈 수 있는 자유가 있지만, 어느 정도까지 올라갈 수 있다고 생각하느냐가 올라갈 높이를 결정합니다."

바바라 드 엔젤리스

작가이자 관계 컨설턴트

"당신의 행복을 정하는 것은 다른 누구도 아닌 바로 당신입니다. 그러므로 자신의 모습이나 삶을 바꿀 힘은 당신이 가지고 있습니다."

　　이번 장을 읽으면서 당신의 실행 단계를 파악하고, "아하"라는 감탄사를 자아내고, 성공 성취를 위한 당신의 계획을 만들어내는 데 일지 쓰기를 활용하라!

1. 자신에 대해 어떻게 생각하는가? 잠깐 시간을 내서 펜과 종이를 준비하고 다음 질문에 대답을 적어라. 나는 누구인가? 아마도 여러 대답이 떠올랐을 것이다. 당신은 아내, 어머니, 자매, 딸, 기업가, 사업가 또는 다른 다양한 대답을 적어 놓았을지도 모른다. 당신 자신의 이름을 적어 넣었는가? 실제로 많은 여성이 자신을 다른 사람들이 보는 자신 혹은 다른 사람들의 삶에서 갖는 역할로 자신을 판단하고 있다. 하지만 우리가 누구이고, 누가 되고 싶은지를 확실히 알지 못하면, 우리는 우리가 원하는 역할을 이뤄낼 수 없다. 당신은 당신이다. 그리고 자기 암시를 통하면 당신이 할 수 있는 최고 수준을 알아낼 수 있다!

2. 당신은 자신에게 어떻게 말을 하는가? 당신 내면의 목소리는 일반적으로 긍정적인가 부정적인가? 다음에 자신에게 피드백을 줄 때는 말투를 긍정적으로 바꿔라. 예를 들어 만약 당신이 실수를 저질렀다면 잘못된 결과에 집중하기보다는 그 실수에서 무엇을 배웠으며, 그 경험을 성장하는 데 어떻게 활용할지에 초점을 맞춰야 한다. 만약 당신이 승리한 것을 축하한다면 그 승리를 당신 개인의 기대

에 대한 달성이라고 여겨라. 우리는 우리 자신에게 기대하는 바대로 된다는 것을 기억하라.

3. 자기 암시의 원리가 일리가 있고 당신이 원하는 모든 것이 성취될 수 있다고 완전히 믿을 때까지 전체 장을 매일 밤마다 한 번씩 큰소리로 읽어라. 읽으면서 감명을 받은 모든 문장에 연필로 밑줄을 그어라.

4. 첫 번째 장에 기술된 여섯 단계를 따라하고 당신의 사명선언서를 적어 넣었다면, 이제는 당신의 목표를 빨리 찾아내기 위해 자기 암시를 활용할 시간이다. 사명선언서를 적어서 집과 사무실에 붙여 매일 수차례씩 눈으로 보면서 상기할 수 있도록 해야 한다. 그 사명선언서를 보고 읽을 때마다 당신은 자기 암시를 활용하는 셈이다.

크리스털은 당신이 그 방법을 따라하는 데 도움이 되는 세 가지 간단한 제안을 제시한다.

1단계: 방해받지 않고 집중할 수 있는 조용한 장소를 찾아내라. 당신이 바라는 바, 이를 성취하기 원하는 시한, 원하는 바를 실현시켰을 때 당신이 경험하게 될 느낌에 대해 쓴 문장을 소리내서 큰 소리로 읽어라. 이 일을 할 때는 마치 당신의 목표를 이미 달성한 것처럼 긍정적으로 생각을 하라. 예를 들면 다음과 같다.

20**년 1월 1일. 나는 보험 판매 수수료로 10만 달러를 받아서 정말 행복하다. 나는 최상의 미래 계획을 세우도록 다른 사람들을 돕기 위한 투자 시간과 에너지, 도움의 대가로 이 돈을 받았기 때문에 더 기분이 좋다. 나는 중요한 변화를 만들어내고 미래 계획을 세우도록 다른 사람들을 돕는 데서 즐거움을 느낀다. 나는 언제나 다른 사람들이 가장 필요로 하는 것을 얻도록 돕는 데 초점을 맞추고 있다. 나는 이 돈에 아주 큰 가치를 부여한다. 거래에 참여한 사람들 모두가 행복해한다. 무한 지성이 나에게 이 계획을 넘겨주었고, 나는 그 계획을 확실히 수행했다. 나는 이 영광스럽고 풍성한 성공과 돈이 계속해서 내 삶 속으로 들어오도록 하는 데 필요한 단계들을 항상 마음속에 간직하고 있을 것이다.

2단계: 당신의 상상 속에서 그 돈과 경험을 정말로 볼 수 있을 때까지 매일 밤과 아침마다 이 프로그램을 반복하라. 당신이 이걸 매일 행할 때 모든 불신을 확실히 없애고 어린아이 같은 믿음을 가져야 한다.

3단계: 매일 볼 수 있고 당신이 깼을 때와 잠자리에 들기 바로 직전에 볼 수 있는 곳에 당신의 사명선언서를 놓아두어라.

4장

특화된 지식

지식은 잠재적 힘에 불과하다.
당신은 한 분야에 초점을 맞춰 거기에 집중해야 한다.

더 많이 알수록
더 잘할 수 있다.

– 마야 안젤루

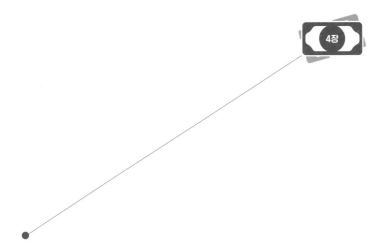

당신은 지식이 얼마나 큰 힘을 가졌다고 믿고 있는가? 나폴레온 힐은 "지식은 활용함으로써 목표하는 무언가를 얻을 수 있는 경우에만 가치가 있다."고 말했다. 당신이 느끼기에 중요한 무언가를 배웠지만, 그 정보가 정확히 무엇인지 확신하지 못한 적이 있는가? 혹은 정보가 당신의 다양한 능력이나 비즈니스적 성공에 도움이 되리라는 희망을 품고 새로운 정보를 찾은 적이 있는가?

나폴레온 힐은 지식에 대해 한 걸음 더 나아가 다음과 같이 설명했다.

"두 가지 형태의 지식이 있다. 한 가지는 일반적인 지식이고, 다른 한 가지는 특화된 전문 지식이다. 일반적인 지식은 아무리 많고 다양하더라도 돈을 버는 데는 별 효용이 없다. 지식은 돈을 번다는 확실한 목표에 구체적인 행동 계획을 세우는 데 활용되지 않으면 돈 버는 데 도움이 되지 못한다. 이 사실을 알지 못한 채 '지식은 힘이다'라고 잘못 믿은 수백만 명의 사람들이 혼란에 빠지고 있다. 지식은 잠재적 힘에 불과하다. 지식은 확실한 행동 계획을 만들고 확실한 목표를 지향할 때만 힘이 된다."

사람들은 나폴레온 힐이 언급한 '지식을 습득한 뒤에 그 지식을 구성하고 활용하는 방법'을 알아야 한다. 이 단계는 아주 중요한데, 지식을 습득하는 능력뿐만 아니라 그 지식을 적용하는 데 필요한 비판적 사고방식을 배우는 것을 의미한다.

성공적인 비즈니스는 일반적으로 다음 두 가지 일 중 한 가지를 하는 것이다.

1. 문제를 푼다.
2. 필요한 서비스를 제공한다.

성공한 사람의 경우에는 한 분야에서 특화된 지식을 찾아내고 배우는 것을 넘어서, 그 지식을 적용하여 문제를 풀어내거나 서비스를 제공한다. 그러면서 그에 대한 충분한 보상을 받아 성공했을 가능성이 크다. 오늘날의 환경에서는 배우고 싶은 지식은 모두 인터넷에서 찾아낼 수 있다. 정보를 쉽게 습득할 수 있게 된 현재 상황에서는 닥친 문제를 풀고 필요한 서비스를 제공하는 데 당신의 지식을 활용할 수 있느냐가 관건이다.

호주여성비즈니스네트워크^{Australian Businesswomen's Network}의 최고 경영자이자 커뮤니티 담당 이사인 수지 매프니스는 여성 사업가들에게 특화된 지식과 자원을 제공하는 비즈니스를 만들었다. 수지는 호주와 미국에서 생방송 교육 이벤트를 조직함으로써 성공을 거두었다. 교육 산업의 역동적 변화와 온라인으로의 전환이라는 필요성을 인식함으로써, 수지는 여성 기업가들의 중심이 되는 호주여성비즈니스네트워크를 조직했다. 이 네트워크는 새로운 통합 미디어를 활용하여 온라인 교육, 멘토링 등 다양한 지원을 제공하고 있다. 수지는 특화된 지식에 대해 다음과 같이 말했다.

"점점 더 많은 여성이 자기 사업을 시작하는 이 때 특화된 지식이 비즈니스 성공에 중요한 요소가 되고 있다. 인터넷과 기술이 시장을 열어가면서, 경쟁은 점점 더 격화되고 있기에 경쟁사와의 차별화를 위해 특화된 지식의 중요성이 커지고 있다."

지식 활용에 뛰어난 기량을 보이는 사람들의 특성을 여기 소개한다.

- 다양한 능력을 함양하기 위한 교육과 새로운 정보를 꾸준하게 습득하는 평생 학습을 했다.
- 기술의 변화를 받아들이고, 그 변화를 지렛대로 활용했다.
- 사고에 있어서, 특히 지식 분야에서 모범적인 리더들이었다.

- 그들이 추구하는 지식을 가진 멘토와 롤 모델을 찾았다.
- 그들 주위에 협조자와 지지자들을 모아 네트워크를 형성했다.

교육은 성공의 평생 동반자

기술은 물론 일반적인 삶도 빠르게 움직이고 변화한다. 트렌드를 따라잡고 앞서 나가기 위해서는 기술을 따라잡으려는 꾸준한 노력이 필수적이다. 비즈니스에 필요한 기본 지식인 사업 계획, 재정, 마케팅, 영업도 물론 필요하지만, 새로운 기술을 계속해서 받아들이는 것도 중요하다.

기술과 배움

지난 몇 년 사이에 배움의 방식이 변했다. 산업 콘퍼런스나 퇴근 후 모임에 참석하는 대신 다양한 미디어를 통해 배울 수 있는 온라인 학습으로 필요할 때마다 전 세계적인 전문가들에게서 새로운 기술을 배울 수 있게 되었다. 즉 팟캐스트, 블로그, 온라인 뉴스레터, 소셜 네트워크 서비스 등을 통해 모든 분야에서 선구자들의 지식을 배울 수 있게 된 것이다.

멘토와 롤 모델

·

이제 우리는 세계 각지에 있는 전문가들에게서 원하는 시간에 스마트폰과 태블릿PC 등과 같은 기기를 통해 배울 기회를 얻게 되었다. 롤 모델과 멘토로부터 특화된 지식을 습득할 수 있는 사항에 모바일이 추가되고, 다른 수단들이 계속 확장되고 있다. 이로 인해 롤 모델은 우리에게 지식의 씨앗을 뿌릴 수 있고, 멘토는 우리가 찾아 헤맬 만한 가치가 있는 비밀 무기가 되고 있다.

·

브랜딩

·

종종 브랜드는 큰 비즈니스에만 필요하다고 생각할 수 있다. 그러나 오늘날에는 더 이상 그렇지 않다. 경쟁자들과 차별화하기 위해서는 당신의 브랜드를 통해 당신이 누구이고 무엇을 하려고 하는지를 명확하게 알려야만 한다. 당신의 브랜드를 통해 자신의 리더십을 명확하게 표현할 수 있다. 그리고 소셜 미디어를 활용하여 당신의 지식을 널리 퍼뜨릴 수 있고, 다른 사람들이 신뢰하고 의지할 수 있는 전문가로서의 당신의 위치를 확보할 수 있다. 당신의 사업이 얼마나 크고 작은가에 상관없이 당신의 브랜드를 통해 지식 전문가로서의 차별화가 이루어지는 것이다.

비즈니스 네트워크

동료들과 동업자들과의 강력한 네트워크는 비즈니스에서 중요한 부분을 차지한다. 이런 네트워크를 통해 당신이 원하는 방향으로 나아갈 수 있고, 아이디어, 피드백, 나아가 지원까지도 받을 수 있다. 당신을 지원하는 사람들을 진심으로 돕고, 다른 사람들을 적극적으로 도우며 지식을 공유하는 것이 단순히 새로운 친목 모임에 참석하는 것보다 훨씬 더 효율적인 방식이다. 물론 소셜 미디어를 활용하고, 콘퍼런스에 참석하고, 잠재 고객과 직접 만나 비즈니스 네트워크를 더 확장할 수도 있다. 하지만 성공적인 네트워킹 활동을 하는 사람들은 일반 사람들에게 그들의 상품을 강요하지 않는다. 그저 별 기대와 사리사욕 없이 만난 사람들에게 진정한 가치를 제공할 뿐이다.

멘토링은 특화된 지식을 취득하는 데뿐만 아니라, 그 지식을 적용하는 방법을 찾고 이익을 창출하는 데 있어서도 효과적이다. 일단 당신이 지식을 습득하면 다른 사람들을 멘토링 하는 데 그 지식을 활용할 수 있다. 이 서비스를 통해 두 가지 효과를 볼 수 있다. 첫째는 당신이 가진 것을 사회에 환원하는 효과다. 두 번째는 부의 창출을 위한 다양한 계획의 일환으로 다양한 환경에서 그 지식을 활용해 봄으로써 그 지식의 활용도를 점검해 볼 수 있는 효과가 있다.

레니 제임스는 2013년 인텔의 사장으로 임명되었다. 레니가 일하는 분야에서 첫 여성 사장이 된 것을 인터뷰하던 중 그녀는 처음에는 여성에 초점을 맞춰 이야기하는 것이 불편했다고 말했다. 직위에 대한 능력이 있는가로 평가받기를 원했기 때문이다. 오로지 여성에 초점을 맞춰 계속해서 입방아에 오르내리자, 그녀는 "이제 저는 제가 롤 모델이라고 생각합니다. 저는 다른 여성들에게 제 재능을 환원할 책임이 있다고 느끼고 있습니다."라고 말했다.

여성들이 서로에게 멘토가 되어 주는 것은 우리 여성들이 성공하는 데 아주 중요하다. 대다수의 사람들이 나이 많은 남자들의 사회망에 큰돈을 투자할 가치가 있다고 한다. 나이가 많지 않은, 여성 네트워크에도 크게 투자할 가치가 있다!

서론에서 이야기했지만 남성 100명당 140명의 여성들이 학사 학위를 받고 졸업한다. 이것은 여성들이 학위를 취득하면서 특화된 지식을 더 많이 습득하고 있다는 것을 의미한다. 점점 더 많은 여성들이 더 높은 학위를 취득하면서 더 높은 수익과 재정적 성공을 이룰 기회를 갖게 될 것이다.

토마스 제퍼슨이 설립한 버지니아 대학교의 첫 번째 여성 총장인 테레사 설리반 총장은 성공 성취를 위해 특화된 지식이 중요하다고 강조하였다.

"특화된 지식은 인간 탐구에 대한 좁은 영역, 즉 전문 영역에 관련된 상세한 정보를 의미합니다. 인간 지식의 양이 기하급수적으로 증가하고 있어서 복잡한 경제와 사회를 유지하는 데 필요한 모든 정보를 한 개인이 습득하는 것은 불가능합니다. 전문가는 특정한 분야에 상세하고 깊은 정보를 습득하고 있는 사람을 말합니다. 전문가는 그 분야에 대한 새로운 정보를 계속해서 찾아내는 데 필요한 연구 능력과 수단도 갖추고 있습니다. 예를 들어 의학 분야의 경우 모든 의학 박사는 기본적으로 인간 건강의 여러 측면에서 정보를 습득합니다. 그러고 나서 특정 의학 분야에서 전문의가 되려면 수년 더 교육과 훈련을 받습니다. 모든 의사가 인간의 두뇌와 척추에 대한 어느 정도 지식을 갖고 있지만, 신경외과 전문의는 두뇌의 기능과 구조에 대해 세포 수준까지의 특별한 지식을 갖고 있는 것입니다.”

모든 정보를 한 개인이 습득하는 것은 불가능하다는 설리반 총장의 언급은 매우 중요하며 협동의 중요성을 일깨워주고 있다. 특화된 지식을 습득하고 지렛대로 활용한다는 것은 당신이 개별적으로 그 지식을 갖고 있어야 한다는 뜻이 아니다. 필요한 지식을 찾을 수 있고, 그 지식을 어떻게 찾는지 알고 있다면 당신이 그 지식을 갖고 있다고 생각해도 된다는 뜻이다.

워싱턴포스트를 통솔하게 된 캐더린 그래엄은 신문업계의 유일한 여성 임원이었으며, 워싱턴포스트를 위대한 수준으로 이끈 리더였다. 캐더린은 남성 동료들과 직원들이 자신을 수장으로 받아들이지 않는다는 것을 느꼈다. 회고록에서 그녀는 자신의 지식에 대한 불신과 신뢰 부족을 언급했다. 하지만 캐더린은 성공하는 데 필요한 자질을 발견해냈다. 바로 벤자민 브래들리를 편집인으로, 워렌 버핏을 재정 자문역으로 활용하면서 필요한 지식을 가진 전문가를 필요한 자리에 앉힌 것이다.

· 특화된 지식 실천하기 ·

특화된 지식이라는 용어는 어느 정도 말 그대로 해석될 수 있다. 만약 뇌수술을 해야 한다면 당신은 주위에 있는 의사들 중에서 가장 잘 훈련된 뇌수술 전문의를 원할 것이다. 만약 당신이 유화 그림 그리기를 배우길 원한다면 수채화가 아닌 유화에 특화된 기술을 배우기를 원할 것이다.

어렸을 적 나는 아버지에게 어떤 오렌지를 고르고 어떤 오렌지는 고르지 말아야 할지를 결정하는 특화된 지식을 배웠다. 나는 학교에서 공부를 꽤 잘 했지만, 가장 필요한 현실적인 교훈은 거리에서 아버지에게 배웠다. 아버지는 내가 학교에서 배운 것들을 실생활에서 어떻게 활용할지 끊임없이 생각하도록 만들었다. 아버지는 거리 똑똑이에 대한 교훈을 들려주고, 화제가 되고 있는 뉴스에 대해 묻고 그 문제에 대한 내 의견을 피력하도록 했다. 예리하게 생각하고, 문제를 해결하고, 내가 배운 것을 실제로 응용하는 능력은 이런 거리 교훈에서 비롯되었다.

아버지는 내가 어떻게 답을 해야 할지 모르는 문제와 대면했을 때 나에게는 두 가지 선택지가 있다고 말했다. 나 혼자 답을 찾든가, 그에 대한 대답을 얻기 위해 누구에게 전화를 해야 하는지를 아는 것이다. 아버지는 이런 방법을 그의 삶을 통해 보여주었다. 아버지는 나와 내 누이에게 생각하는 법, 문제를 해결하는 법, 임무를 완수하기 위해 우리 자신에게 헌신하는 방법 등에 대해 가르쳐 주었다.

나는 학교생활을 잘 마쳐서 공인회계사 자격증을 땄지만, 신문업계에서 직장생활을 시작했을 때는 물 밖의 물고기와 같은 신세였다. 몇 가지 거리 교훈을 배우고 나서, 나는 신문사 주식부터 다양한 인쇄 방법, 그리고 배달 방법까지 할 수 있는 모든 것들을 배우는 데 집중했다. 도서관에서 공부하고, 인쇄 회사를 방문하고, 경쟁력 있는 인용문을 익히면서 자신을 훈련시켰다. 스펀지처럼 최대한 많은 지식을 흡수해서 가능한 최상의 결정을 할 수 있게 되었다. 인쇄업계 최전선에서 큰 그림을 볼 줄 알며 이득이 되는 정보를 알 만한 사람들에게 조언을 구했다. 나는 계속해서 아버지의 두 단계 법칙인 '나 자신을 교육하거나, 물어볼 수 있는 사람을 알거나'를 따랐다.

내가 부동산에 투자하기 시작했을 때 더 많은 특화된 지식이 필요하다는 것을 깨달았다. 성공한 부동산 투자가들을 찾아 나섰고 그들에게 나의 멘토가 되어줄 것을 청했다. 나는 부동산 관련 세미나에 참석해서 시장 추세를 공부했다.

내가 참여하는 모든 새로운 계획은 어떤 형태가 됐든 특화된 지식이 필요하다. 신문업계에서 부동산을 거쳐 현재의 목축업에 이르기까지, 문제를 해결하고 필요한 서비스를 제공하는 기회를 찾기 위해 세심한 주의를 기울이면서 배움의 열정으로 각 분야를 받아들였다.

· 특화된 지식에 대한 조언 ·

샌드라 데이 오코너

미국 최초의 여성 대법관

"우리는 이 세상 어떤 일도 혼자서는 완수해낼 수 없습니다. 인생이라는 직조물은 각각의 역할을 하는 실들이 가로세로로 짜이면서 나타나는 결과물입니다."

샐리 라이드 박사

미국 최초의 여성 우주인

"이 분야에서 여성들이 일할 수 있는 기회는 많습니다. 여성들에게는 과학적 기반 위에서 꿈을 이룰 수 있도록 지원, 격려, 멘토링이 필요할 뿐입니다."

라니아 왕비

요르단 왕비, UN 여자어린이 교육캠페인 명예의장

"소셜 미디어는 모든 사람들의 권리를 향상시키는 촉매입니다. 소셜 미디어는 우리 모두가 평등하다는 것을 일깨워줍니다. 소셜 미디어는 어떤 문제가 전 세계적이든, 지역적이든, 일반적이든, 특수한 것이든, 또한 그들 사이가 수백 킬로미터 떨어져 있다 하더라도 서로 힘을 합쳐 투쟁할 수 있도록 해줍니다."

기아 헬러

내셔널비즈니스엑스퍼트The National Business Experts의 최고 경영자

"만약 당신이 '모든 일'을 한다면 어떤 일에도 전문가가 되기 어렵습니다."

여자를 위한 생각하라! 그러면 부자가 되리라

• 스스로에게 물어보기 •

이번 장을 읽으면서 당신의 실행 단계를 파악하고, "아하"라는 감탄사를 자아내고, 성공 성취를 위한 당신의 계획을 만들어내는 데 일지 쓰기를 활용하라!

내 특화된 지식은 무엇인가? 이 질문이 어렵게 느껴질 수도 있다. 왜냐하면 여성들은 당연히 누려야할 권리를 종종 포기하고 겸손만이 미덕이라고 여기기 때문이다. 하지만 일단 당신이 어떤 종류의 특화된 지식을 갖고 있는지 파악한다면, 당신이 원하는 삶을 영위하면서 다른 사람들의 삶에 가치를 더하는 데 필요한 능력을 발휘할 수 있게 된다.

종이 위에 다음 질문에 대한 답을 적어라.

1. 나는 어떤 천부적 재능을 가지고 있는가?

2. 사람들이 나에게 가장 많이 묻는 주제는 무엇인가?

3. 내가 만나는 사람들을 통해 지식을 얻게 된 전문 분야는 무엇인가?

4. 당신의 팀에는 누가 있는가? 당신은 관련 지식이 없는 상태에서 주어진 질문에 대한 답을 정상적인 방법으로 찾을 수 있는가? 아니면 자주 막막한 상태에 빠지거나 무얼 해야 할지 모르게 되는가? 후자의 경우라면 당신의 네트워크를 확장하거나 스스로 추가적인 전문 지식을 얻기 위해 노력해야 할 시기가 된 것이다.

5. 나는 어떤 학위나 자격증을 가지고 있고, 어떤 모임에 속해 있는가?

6. 간절한 바람과 삶의 목적을 이루기 위해 어떤 종류의 특화된 지식이 요구되는가? 그 지식을 얻기 위해 내가 할 수 있는 일은 무엇인가? 자격증? 멘토십? 학위?

7. 필요한 지식을 취득하는 방법 중 어느 것이 부를 이루고 내 목표를 달성하는 데 가장 큰 지렛대 효과를 줄 것인가?

8. 만약 내가 이런 특화된 지식 습득을 원하지 않는다면 그 지식을 제공받기 위해 누구를 팀의 일원으로 참여시켜야 하는가? 서비스 전문가? 협회 회원? 비즈니스 임원? 교육가? 이런 사람들을 성공적으로 참여시키기 위해서는 우선 그들을 어디서 찾아낼 수 있는지와 그들이 제공하는 특화된 지식에 대한 대가로 당신이 무슨 가치를 제공할 것인지에 대해 생각하고 있어야 한다. 만약 당신이 그들을 비즈니스 거래 목적으로 찾고 있다면 금전적인 보상이나 주식을 제안할 것인가? 아마도 쌍방에게 모두 이익이 되는 거래 조건이 있을 것이다. 만약 당신이 전문가를 비영리 단체나 지역 사회 프로젝트에 참여시키려고 한다면 공적인 인정, 네트워크 확장 가능성, 프로젝트의 의도, 그로 인한 영향력 상승 등을 유인책으로 제시할 수 있을 것이다.

일단 당신의 지식을 파악했거나 지렛대로 활용할 수 있는 사람에게서 얻을 수 있는 지식을 파악했다면, 그 지식을 어떻게 활용해서 당신의 간절한 바람을 성취할 수 있을지에 대한 명확한 계획을 세워라.

5장

상상력

간절한 바람은 마음속에서 상상하면서 그 형태를 갖춰나간다.
그러니 사람이 상상할 수 있는 것은 무엇이든지 만들어낼 수 있다.

상상력은 실재하지 않는 것을
마음속에 그릴 수 있도록 하는
인간만의 독특한 능력임에 틀림없기 때문에
모든 발명과 혁신의 원천이다.

– J. K. 롤링

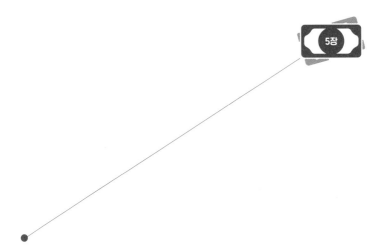

당신은 기발한 아이디어를 떠올려본 적이 있는가? 물론 있을 것이다. 그 아이디어로부터 돈을 번 적이 있는가? 만약 그렇지 않다면 이 장이 당신의 아이디어를 성공적인 비즈니스로 이끌도록 도울 것이다. 《해리포터 시리즈》 작가인 J. K. 롤링이 잘 표현했듯이 "상상력은 모든 발명과 혁신의 원천이다." 롤링은 저서 《해리포터》로 상상력의 예시를 확실하게 보여주었으며 모든 발명과 혁신에 상상력이 필요하다고 강조하고 있다.

나폴레온 힐은 상상력에 대해 다음과 같이 말했다.

"상상력은 사람이 만든 모든 계획을 전시하는 말 그대로 워크숍입니다. 욕구와 바람은 마음속에서 '상상하면서' 그 형태를 갖추고 실행에 옮겨지게 됩니다. 그러니 사람이 상상할 수 있는 것은 무엇이든지 만들어낼 수 있습니다."

상상력을 가장 순수하게 접하는 방법은 자신을 어린아이로 생각하거나, 자녀들이 노는 모습을 관찰하는 것이다. 자녀들이 상상 속 친구들과 노는 모습, 플라스틱 장난감으로 성을 만드는 모습, 이불로 쌓은 요새에서 방어하는 모습을 관찰하다 보면 아이들이 풍성하고 무한한 상상력을 발휘하고 있다는 것을 알게 된다.

그런 열정적인 상상력에 대체 무슨 일이 일어나고 있는 걸까? 상상력이 풍부한 어린이들이 일단 학교에 들어가면 규칙에 맞는 행동을 해야 한다고 배우게 된다. 교사나 책임자들은 억제되지 않은 상상력이 질서를 파괴할 수도 있다고 생각해서, 주로 상상력을 상자에 넣었다가 노는 시간에만 꺼낼 수 있도록 허용하고 있다.

어른들의 경우에는 자유롭고 창의적으로 생각하는 시간을 보내지 않는 것을 '멀티태스킹 하는', '집중하는', '의욕이 넘치는', 등과 같은 단어를 사용하며 변명한다. 갇혀 있던 상상력이 뛰쳐나와서 비즈니스 기회를 발견하고 만들어 낼 수 있도록 하기 위해서는 자유로운 시간이 있어야만 한다. 잠깐 눈을 감고 '_____'라는 대단한 발명으로 올해의 기업인으로 선정되었다고 상상하고 빈칸을 채워보라!

상상력에 대한 심오한 분석 끝에 나폴레온 힐은 두 가지 형태의 상상력을 제시했다.

1. 합성 상상력: 합성 상상력으로 기존의 개념, 아이디어, 계획들을 새로운 조합으로 정리할 수 있다. 합성 상상력은

여자를 위한 생각하라! 그러면 부자가 되리라

경험, 교육, 관찰이라는 재료로 작업을 한다. 대부분의 발명가들은 합성 상상력을 활용한다. 하지만 천재들은 합성 상상력만으로 문제를 풀 수 없을 때 예외적으로 창조적 상상력을 활용한다.

2. 창조적 상상력: 창조적 상상력으로 인간의 유한한 마음이 무한지성과 직접적인 소통을 할 수 있다. 창조적 상상력은 예감과 영감을 받는 통로이기도 하다. 창조적 상상력으로 모든 기본적이고 새로운 아이디어들을 받을 수 있게 된다. 다른 사람들에게서 전해지는 생각의 파동을 받게 되며, 다른 사람들의 잠재의식과 소통하거나 주파수를 맞출 수 있게 된다.

합성 상상력의 가장 좋은 사례는 사마소스^{Samasource}사의 창립자이자 최고 경영자인 레일라 야나의 이야기다. 레일라는 자신의 비즈니스 모델을 갖게 되자, 그 모델을 어떻게 대중들에게 소개하여 파급력을 얻을 수 있을지에 대한 상상력을 발휘했다.

"나에게 '유레카'라는 깨달음의 순간이 왔다. 영리를 추구하는 대기업에게 일을 맡기기보다 가난을 해소하기 위한 아웃소싱 모델을 활용하면 어떨까? 나는 기업 내부의 일을 제3자에게 맡기는 아웃소싱, 즉 외주 방식이 몇몇 여성 사업가들을 억만장자로 만들었다고 생각해왔다. '피라미드 구조 밑바닥에 있는 억만 명의 사람들에게 외주 업무를 제공하는 모델은 어떤가?' 이 아이디어를 발전시켜 2008년 9월에 사마소스사를 설립하게 되었다. 핵심 개념은 공정 무역의 시스템을 외주 산업에 적용하는 것이었다. 사마소스는 외주에 쓰이는 200억 달러 이상의 금액 중 일부가 개발도상국의 가난한 여성들과 젊은이들에게 돌아가도록 했다. 전 세계 경제를 하나로 만드는 스마트 모델을 통해 이처럼 큰 금액의 1%만이라도 가난하고 소외된 사람들에게 보낼 수 있다면 그들의 건강, 교육, 행복에 획기적인 전환을 이룰 수 있다고 생각했다. 그리고 대기업들 사이에서 순환하는 돈의 일부를 활용하고, 기업들이 해야 하는 단순 작업을 가난해서 교육받지 못한 사람들이 대신 하도록 도움으로써 사마소스의 사명을 완수할 수 있었다. 나는 이 사업 모델 덕분에 사람, 기업, 정부가 상생할 수 있을 것이라고 생각했다. 이 모델을 활용하면 단순 원조 금액이 아닌 대물림되는 가난을 벗어날 직접적인 원조를 할 수 있다고 생각했다.

그 이후로 수많은 팀과 수백 명의 고객들, 기부자들, 불가능한 것은 없다고 믿는 자문가들의 도움을 받아 상상으로 시작한 일들을 현실로 바꾸어 나갔다. 사마소스는 선도적인 기업과 기관들과 계약해서 5백만 달러 이상의 계약고를 올렸다. 계약에는 구글, 이베이, 마이크로소프트, 링크드인, 스탠포드 대학교 등이 참여했다. 이 금액으로 난민, 가난한 젊은이, 여성들을 포함하여 사하라 이남 아프리카, 남아시아, 카리브해 지역의 만 명이 넘는 소외된 사람들에게 혜택을 주고, 삼천오백 명을 직접 고용할 수 있게 되었다."

레일라 야나는 기존 비즈니스 모델을 새로운 관점에서 살펴봄으로써 성공적인 비즈니스 모델을 만들어낼 수 있었다. 그 결과 전 세계적으로 수천 명의 사람들을 도울 수 있었다. 초라하게 출발했지만 해낼 수 있는 일을 상상하고, 그 상상력을 간절한 바람과 결합시켰다.

창조적 상상력을 가진 사람들을 생각할 때면 전 세계적으로 4억 권 이상의 《해리포터 시리즈》를 판매했던 J. K. 롤링 작가가 생각난다. 롤링은 책의 첫 권을 구상하기 시작했을 때 기차를 타고 있었다고 회상했다. 그 순간 "해리가 완성된 채로 내 머릿속으로 천천히 걸어들어 왔다."고 말했다. 그 당시 롤링은 실직 상태로 정부 보조금을 받으면서, 에딘버그의 작은 집에서 어린 자식을 데리고 빈곤한 생활을 하고 있었지만 글쓰기만큼은 멈추지 않았다. 첫 번째 해리포터 책이 하룻밤 사이에 베스트셀러가 되었고 전 세계에 해리포터 열풍이 불었다. 오늘날 J. K. 롤링은 억만장자가 되었지만 초라한 출발을 잊은 적이 없다. 현재 롤링은 한부모 가정과 영국의 가난한 사람들을 위한 원조를 늘리도록 영국 정부를 돕고 있다.

작가들뿐만 아니라 발명가들 역시 우리 사회에서 필요한 혁신적인 해결책을 만들어내기 위해 창조적 상상력과 합성 상상력을 활용하고 있다.

미국 건국 초기에 여성들은 자신의 이름으로 특허를 받을 수 없었다. 1800년대 후반까지도 미국의 대부분의 주에서 여성들은 법적으로 자신의 재산을 가질 수 없었고 자기 이름으로 법적 계약도 체결할 수 없었다. 특허권은 재산이었기 때문에 여성들은 특허를 소유할 수 없었고, 아버지나 남편의 이름으로 특허권을 취득해야만 했다. 한 예로 미국의 첫 여성 발명가인 시빌라 마스터스를 들 수 있다. 1712년 시빌라는 새로운 옥수수 제분기를 개발했지만 여성이었기에 특허권을 가질 수 없었다. 1715년 새로운 옥수수 제분기는 남편의 이름으로 등록되었고, 특허 등록증에 시빌라의 이름은 참고로 기재되었다.

우리 삶에 역사적인 충격을 남긴 여성 발명가들은 이외에도 많다. 이 여성 발명가들의 대부분은 초라하게 시작했지만, 합성 상상력과 창조적 상상력을 사용하여 문제를 풀어냈고 필요와 욕구를 충족시키기 위한 서비스를 만들어냈다.

1897-안나 코넬리가 첫 번째 옥외 비상계단을 발명했다. 이 비상계단 덕분에 장기간에 걸쳐 수십만 명의 생명을 구할 수 있었다.

1898-마리 퀴리는 방사성 원소인 폴로늄^{Po}과 라듐^{Ra}의 발견자로 잘 알려져 있다. 두 개의 노벨상을 탄 첫 번째 사람이기도 하다.

1903-메리 앤더슨이 자동차 앞 유리 와이퍼를 발명했다. 그녀는 비오는 날 운전자들이 밖을 보기 위해 차의 창문을 열어야만 한다는 사실을 깨닫고 그 해결책으로 내부에서 작동시킬 수 있는 스윙 암$^{swinging\ arm}$ 장치를 발명했다. 앞 유리 와이퍼는 1916년에 모든 미국 차의 표준이 되었다.

1904-엘리자베스 매기가 모노폴리 게임의 원조가 된 보드게임을 발명했다. 지주 게임$^{Landlord's\ Game}$으로 불리며, 토지 소유와 독점의 폐해를 알리려는 교육적 목적에서 개발됐다. 이 게임을 찰스 대로우가 훔쳐서 1933년에 모노폴리라는 게임으로 특허를 받았다.

1941-유명한 영화배우이자 세계적으로 알려진 미인인 헤디 라마르는 무선 통신 및 대역 확산 기술을 공동 발명했다. 제2차 세계대전에서 나치와의 전투에 사용되었던 최초의 무선 통신은 오늘날 와이파이$^{Wi-Fi}$와 지피에스^{GPS}로 발전했다.

1950-마리온 도노반이 일회용 기저귀를 발명했지만, 제조업자들은 일회용 기저귀가 실용적이지 않다고 말했다. 10년 후 빅터 밀스가 이와 비슷한 아이디어로 팸퍼스 기저귀를 만들어 냈다.

1958-베티 네스미스 그래엄이 수정펜을 발명했다. 그래엄은

화가들이 창문에 그림을 그리다 실수했을 때 전체를 지우는 것보다 틀린 부분에 페인트를 덧칠해서 가리는 것을 보았다. 이런 기술을 본떠서 하얀 수성 템페라 페인트를 사용해서 타자기의 틀린 부분을 가리는 방법을 생각해냈다.

1966-스테파니 쿠올렉이 고강력섬유인 케블라를 발명했다. 케블라를 이용한 방탄조끼와 다른 제품들 덕분에 수천 명이 목숨을 구하고 있다.

· 상상력 실천하기 ·

상상력이 내 삶에서 대단한 역할을 했다. 나는 엄격하고 근면 성실한 중산층 가정에서 자랐다. 내 아버지는 해군 출신으로 집안의 규율을 꽤 엄격하게 통제했다. 나는 학교에서 우수한 학생이었고, 성적도 좋았고, 규칙도 잘 따랐다. 하지만 지금 되돌아보면 그런 환경에서 창의력이 억눌렸다고 생각한다. 공공 회계 분야에 진출해서 성공한 후 엄격하게 규정된 기업 환경에 다시 한번 처해졌다는 것을 인식했다. 많은 사람이 이런 환경에 잘 적응했지만 나는 그러지 못했다. 직장을 떠나 사업가가 되자 비로소 내 창의력이 살아나고 표출되는 자유로움을 느끼게 되었다.

오늘날 나는 어떤 일을 하는 데 있어서 새로운 방법을 찾고 문제의 해결책을 찾을 때 가장 에너지가 넘친다. 문제가 생기면 화이트보드를 준비하고 가능한 해결책들에 대한 브레인스토밍을 시작한다. 이 과정은 "그냥 해보는 건 어때?"라는 나의 철학을 실천하는 장이다. 나에게 던지는 이 질문이 스스로를 미개척 분야로 나아가게 하고, 새로운 경험을 하게 해준다.

궁지에 몰렸다고 느끼면 나는 새로운 시도를 하라고 자신을 닦달한다. 종종 바다로 간다. 해변에 찰싹대는 파도, 석양, 바다가 내는 소리는 내 영혼의 양식이 되고 창의력에 불을 붙인다. 실제로 책 한 권을 마칠 때마다 최소 한 번은 바다를 찾아가곤 했다.

나폴레온 힐 재단의 최고 경영자인 돈 그린이 73년 동안 출간되지 않았던 나폴레온 힐의 원고를 검토해 달라고 요청했을 때, 나는 샌디에이고에 있는 바다에 갔다. 나폴레온 힐은 그 원고에 〈악마를 뛰어넘기〉라는 제목을 붙여놓았다. 내가 그 원고를 읽은 네 번째 혹은 다섯 번째 사람이라는 것을 알았을 때, 그 원고를 읽기에 알맞은 경건한 환경을 찾아야 한다고 생각했다. 이 얼마나 큰 영광이며 큰 책임인가. 나는 원고를 단숨에 읽었고 〈악마를 뛰어넘기〉는 내 삶을 영원히 바꿔놓았다.

《악마를 뛰어넘기》는 스스로 신념에 한계 짓는 행위가 우리의 성공 성취 노력에 얼마나 방해가 되는지, 부정적인 사고가 우리의 성공 추구 노력을 어떻게 무력화시키는지 밝히고 있다. 그리고 그런 부정적인 사고를 극복하고 스스로 신념에 한계 짓는 행위에서 벗어나기 위한 7단계의 계획을 제시하고 있다.

나폴레온 힐의 아내는 〈악마를 뛰어넘기〉라는 원고 제목을 염려해서 그녀가 살아 있는 동안에는 출간하지 못하게 막았다. 하지만 나는 설명하기 어려운 큰 힘이 작용하여 지금 시대에 이르러서야 그 책이 출간된 게 아닌가 싶다. 오늘날 정말 많은 사람이 두려움으로 무력해지고, 신념에 한계를 짓기 때문에 그 두려움을 깨지 못하고 있다.

돈 그린이 그 원고를 편집하고 현대 독자들을 위해 그 책에 주석을 달아달라고 부탁했을 때, 나는 흥분했고 굉장한 책임감을 느꼈다. 나는 바다를 바라보면서 이 원고에 오늘날의 현실을 제대로 반영하여 나폴레온 힐의 작품에 경의를 표할 수 있는 지혜를 달라고 기도했다.

원고를 다듬으면서 나폴레온 힐이 언급한 "창의적 상상력을 통해 인간의 유한한 마음이 무한지성과 직접적으로 소통합니다. 창의적 상상력은 '예감'과 '영감'을 받는 통로이기도 합니다. 이런 기능 덕분에 모든 기본적이고 새로운 아이디어들을 얻게 됩니다." 이란, 창의적 상상력의 정의가 내 기도에 대한 응답이라는 사실을 깨달았다.

나는 글을 쓰는 동안에 몇 번이고 바다를 바라보면서 마음을 열고 영감을 달라고 간청했다. 그리고 나서 미친 듯이 글을 쓰기 시작했고, 나중에 내가 쓴 글을 보고 나 자신이 놀랐다. 내가 다룬 모든 책들 중《악마를 뛰어넘기》가 내 삶에 가장 큰 영향을 주었다고 솔직하게 말할 수 있다. 이 책을 읽은 다른 많은 사람들도 나처럼 큰 영향을 받았다고 말하곤 했다.

여자를 위한 생각하라! 그러면 부자가 되리라

리타 도브

미국의 시인이자 작가, 계관 시인이면서 의회 도서관에서 시 분야 컨설턴트로 활약한 최초의 아프리카계 미국인

"전에는 존재한 적 없던 것을 상상해낼 수 있다면 그것을 명확한 현실로도 만들 수 있습니다.

에밀리 디킨슨

스스로 고립된 삶을 산 것으로 유명한 미국의 가장 위대한 시인들 중 한 사람

"가능함에 연결된 도화선은 상상력으로 점화됩니다."

L. E. 랜던

L.E.L이라는 서명으로 더 잘 알려진 영국 시인이자 소설가

"상상력은 풍선에 가스를 집어넣고, 그 풍선을 하늘로 날려 보내는 것을 사랑하는 것입니다."

로렌 바칼

미국 배우이자 모델

"상상력은 가장 높이 올라간 연입니다."

낸시 할

뉴욕타임스의 첫 여성 기자이자 소설가

"상상력은 창조 과정에서 나오는 새로운 실체입니다. 상상력은 계속 자랄 수 있는 질서의 한 부분을 나타냅니다."

나폴레온 힐은 상상력에 대해 다음과 같이 강조했다.

"모든 위대한 행운의 이야기는 아이디어 창안자와 아이디어 판매자가 함께 모여서 조화롭게 일을 할 때 만들어집니다."

여자를 위한 생각하라! 그러면 부자가 되리라

• 스스로에게 물어보기 •

이번 장을 읽으면서 당신의 실행 단계를 파악하고, "아하"라는 감탄사를 자아내고, 성공 성취를 위한 당신의 계획을 만들어내는 데 일지 쓰기를 활용하라!

다음 리스트는 상상력을 재충전시키는 여러 가지 방법들을 제시하고 있다. 각 항목을 따라 진행하면서 그 내용을 경험했던 마지막 시점이 언제였는지 자문해 보라.

신체적

1. 충분한 숙면을 취하라.
2. 충분한 운동을 하라.
3. 야외에서 걷고, 앉아서 자연을 즐겨라.
4. 침묵 속에서 편안해져라.
5. 책을 읽어라.
6. 음악을 들어라.

정신적

7. 스스로 신념에 한계 짓지 마라. 자신을 남들과 비교하지 마라.
8. 불신을 날려보내라.
9. 모든 것이 가능하다고 믿어라.

행동

10. 메모하기 위해 종이와 연필을 준비하라.

11. 익숙하지 않은 장소로 떠나라.

12. 좀 더 자발적이 되고 새로운 것을 시도하라.

13. "그냥 해보는 건 어때?"와 같은 질문을 자신에게 더 많이 던져라.

14. 창의적 휴식을 취하라.

15. 가족이나 친구들과 브레인스토밍을 하라.

16. 놀아라.

17. 창조하라.

　　다음 며칠 동안 '상상력' 시간을 일정에 포함시키고 매일매일 일정표에 이 시간을 일상적으로 포함시킬 방법을 모색하라.

　　상상력에 에너지를 불어넣기 위해 무슨 계획을 세울 것인가? 종이와 연필을 준비하고 아무 생각 없이 무작정 적어봐라. 최소 30분 동안 끼적거리도록 하라. 끼적거리면서 무슨 생각이 드는가? 그 생각들이 창의적인가 아니면 판단적인가?

　　마음에 떠오르는 것은 무엇이든 무조건 일지에 적기 시작하라. 최소 30분 이상 적고, 최소 일주일 동안 매일 적기를 반복하라. 일주일 후 어떤 새로운 아이디어가 마음속에 떠올랐는지 자문해보라. 적으면서 어떤 감정을 경험했는가?

　　상상력을 촉발하기 위해 질문의 힘을 사용하는 연습을 하라. 함께 하는 무리에게 통상적인 질문을 던지고 그 질문이 어떻게 무리 안에서 대화를 촉발하는지 확인하라. 질문으로 촉발된 토론 결과가 에너지를 상승시키는 것을 알게 될 것이다.

어떤 조건일 때 당신의 창의력과 상상력이 가장 잘 발휘되는지 자문해보라. 그런 조건을 만들어서 당신의 창의력과 상상력이 솟구치도록 하라. 무슨 영감을 받았는가?

만약 당신이 부모라면 당신의 자녀들 역시 상상력 시간을 가질 수 있도록 계획을 세워라. 자녀들에게 그 계획을 말하고 실행하라. 그들의 창의력에 놀라게 될 것이다.

창의적 상상력을 통해 인간의 유한한 마음이

무한지성과 직접적으로 소통합니다.

창의적 상상력은 '예감'과 '영감'을 받는 통로이기도 합니다.

이런 기능 덕분에 모든 기본적이고

새로운 아이디어들을 얻게 됩니다.

철저한 계획

철저한 계획은 욕구를 실행으로 옮기는 결정체다.
간절한 바람을 갖고 상상력을 발휘할 때
당신의 성공을 실현시켜 줄 확실하고
구체적인 계획과 전략이 생성된다.

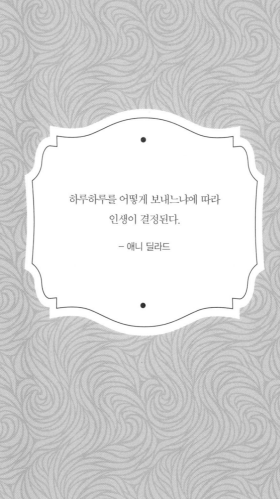

하루하루를 어떻게 보내느냐에 따라
인생이 결정된다.

– 애니 딜라드

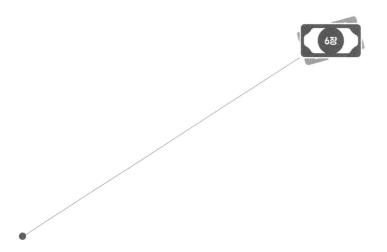

이제 당신은 명확한 목표를 달성하기 위한 간절한 바람과 그 간절한 바람을 실현하기 위한 믿음과 능력을 갖고 있다. 또한 당신은 그에 필요한 특화된 지식을 갖고 있고, 당신의 상상력은 최고조에 달해있다. 당신은 자신의 개인 사명선언서를 만들었고 첫 번째 장에서 설명한 자기 암시를 적용하는 여섯 단계(24페이지)를 따라 했다.

끌어당김의 법칙은 "좋은 생각을 하면 좋은 일이 일어날 것이다." 혹은 "당신이 생각하는 것은 무엇이든지 당신 삶 속으로 끌어당길 수 있다."라고 이야기하고 있다. 나폴레온 힐은 "당신 마음이 품을 수 있고, 믿는 것은 무엇이든 이룰 수 있다."고 말했다. 따라서 당신은 자신의 성공에 확신을 가져야 한다. 안 그런가?

믿음에 관한 장에서 설명한 개인 성공 방정식을 통해 성공하는 데 믿음이 얼마나 중요한가는 이미 설명했다. 그 방정식에서 중요한 또 하나의 요소는 행동으로 옮기는 것이다. 당신이 원하거나 필요로 하는 것을 확실히 끌어당기기 위해서는 행동을 취해야만 한다!

실제로 나폴레온 힐은 당신이 "받은 것 이상 일할 필요가 있고 철저한 계획을 세울 필요가 있다."고 말했다. 그렇다면 이러한 철저한 계획은 어디에서 오는가?

간절한 바람을 갖고 상상력을 발휘할 때 당신의 성공을 실현시켜줄 확실하고 구체적인 계획과 전략이 생성된다.

대부분의 성공과 리더십 전문가들은 다음 네 단계 형태로 성공 과정을 제시하고 있다.

1. 비전-어떤 목표를 달성하기 위해 노력하고 있는가?
2. 전략-어떻게 그 목적을 달성하려고 하는가?
3. 사람-어떤 사람에게 그 일을 하도록 할 것인가? 적재적소에 맞는 사람을 선택하라.
4. 리더십-당신이 손수 뽑은 팀을 성공으로 이끌어라.

이것이 바로 나폴레온 힐의 철학이 기존의 전통적 사고와 구별되는 점이다. 그리고 성공 성취를 간절하게 원하는 모든 사람들에게는 이 차이점이 매우 중요하다. 나폴레온 힐은 다음 두 가지 중요한 사실을 기억하라고 강조하고 있다.

첫째, 당신이 가장 중요하게 여기는 것에 집중하라. 확실한 성공을 위해서는 무결점의 계획을 세워야만 한다.

여자를 위한 생각하라! 그러면 부자가 되리라

둘째, 그 계획을 세울 때 다른 사람들의 경험, 교육, 타고난 능력, 상상력을 잘 활용해야 한다.

나폴레온 힐의 철학에 의하면 전략과 계획을 짜기 전에 '누구'로부터 경험, 교육, 타고난 능력, 상상력을 취할 것인지 먼저 정해야 한다. 가장 효율적인 전략과 확실한 계획을 만들어 내는 데 필요한 팀을 결성하라. 전략을 만들기 전에 그들을 참여시켜서 전략을 만드는 과정에 그들의 상상력을 활용하도록 하라. 그렇게 하면 체계화된 계획을 개발해낼 수 있을 뿐만 아니라, 효율적이고 성공적으로 그 목표를 수행해낼 수 있다. 정리하면 다음 단계로 표현할 수 있다.

1. 비전-당신이 이루려고 노력하는 목표가 무엇인가?
2. 팀원 구성-그 목표를 성취하기 위한 특별한 계획을 만들고 전략 짜는 것을 도울 당신의 팀에 누구를 참여시킬 것인가?
3. 전략-당신과 당신 팀은 목표를 어떻게 성취할 것인가?
4. 명확한 계획-당신의 팀 구성원들과 함께 만들고 그들로부터 승인을 받은 명확한 계획이 있는가?
5. 배치-누가 그 일을 할 것인가? 적재적소에 사람을 배치하라.
6. 팀의 리더십

다른 차별성도 있다. 나폴레온 힐이 말하는 리더는 협동심을 이용할 뿐만 아니라 다른 형태의 리더십도 발휘한다. 그 리더십은 팔로어(추종자)들의 동조와 공감 덕분에 형성된다. 이 리더십은 추종자들의 동조와 공감을 배제한 채 강제력으로 만들어지는 다른 형태의 리더십과는 차이가 있다. 두 가지 리더십을 비교하는 또 다른 방법은 첫 번째 리더십을 협력 리더십이라고 명명하고, 두 번째 리더십을 독재 리더십이라고 명명하는 것이다. 나폴레온 힐은 그의 관점을 강조하기 위해 "독재 리더십이 지속될 수 없다는 것을 역사가 충분히 증명하고 있습니다. 독재자들과 왕들이 몰락하고 사라지는 경우가 많았습니다. 이것이 바로 사람들이 독재 리더십을 절대로 따르지 않는다는 증거입니다."라고 지적했다.

체계화된 계획에서의 리더십의 중요성은 아무리 강조해도 지나치지 않다. 리더들은 그 계획으로 '배를 조종'한다. 또한 리더들은 모든 구성원들이 주인의식을 갖고 신중하게 만든 계획을 실행하기 위해 어떻게 해야 개인들이 최상의 능력을 발휘하도록 할 수 있는지 알게 된다.

우리는 동의에 의한 리더십, 즉 협력 리더십을 찬양하고, 이 리더십이 성공을 위한 최고의 공식이라는 데 동의한다. 여성들이 이런 형태의 리더십에 뛰어나기 때문에 여성들이 점점 더 많은 리더십 역할을 차지하게 되고 결국 성공하고 있다.

이런 기술을 활용한 여성 리더의 멋진 사례로는 리더투리더인스티튜트Leader to Leader Institute의 사장이자 최고 경영자CEO인 프랜시스 헤셀바인을 들 수 있다. 이 역할을 맡기 이전에 프랜시스 헤셀바인은 미국 걸 스카우트 총재로 14년간 봉사했다. 그녀는 조직력과 리더십을 통해 걸 스카우트를 다시 일으켜 세우는 데 일조하였을 뿐만 아니라 걸 스카우트 활동을 다양화시키고, 젊은이들을 위한 데이지 스카우트 프로그램을 설립했다. 그녀의 리더십에 힘입어, 걸 스카우트는 225만 명의 단원들과 78만 명의 주요 자원봉사자들을 거느리는 단체로 성장했다. 헤셀바인은 이 업적으로 자유훈장을 수여받았다. 그녀는 리더십에 대한 질문을 받았을 때 "리더십은 어떻게 하느냐가 아니라, 어떻게 되느냐의 문제입니다."라는 강렬한 말을 남겼다.

헤셀바인의 리더십 철학은 다음과 같은 권고를 포함한다.
1. 그 분야에서 최고의 정신을 가진 멘토를 찾아라.
2. 당신의 단체를 배우는 기관으로 만들어라. "당신이 예산을 세울 때 첫줄은 배움, 교육, 직원들에 대한 개발이 되어야 한다."
3. 모든 수직 조직을 없애라.
   그녀는 리더를 조직 기구표의 꼭대기가 아닌 중간에 위치하도록 했다. 그녀는 이걸 원형 경영 circular management 이라 불렀다. "우리는 모든 계층의 리더를 개발했습니다. 그리고 우리는 원형 경영이 인간 정신을 고양시킴으로써 직원들의 에너지를 고양하는 것을 발견했습니다."
4. 당신을 반대하는 사람들에게 존경심을 가져라. 그러면 당

신에 대한 적대감을 협력 분위기로 전환할 수 있다.

5. 당신의 연구를 하라. 고객들의 말에 귀를 기울이고 자신의 생각이 아닌 필요에 초점을 맞춰라. 연구를 한 다음에는 아이디어나 프로그램을 테스트하기 위한 시험 장치를 가동하라.

여성들은 남성들과 다르게 리더십에 접근한다. 맥킨지사는 천명 이상의 여러 분야 기업 출신 매니저들을 조사한 다음에 남성과 여성의 리더십 스타일이 다르다는 사실을 발견했다. 다음 표는 리더십 포지션에 어떤 전략을 적용해야 하는지를 보여주고 있다.

주요 리더십 행동을 사용하는 빈도

여성이 더 많이 사용	남성이 더 많이 사용	양성이 동일하게 사용
인재 개발	개별적인 의사 결정	지적인 자극
기대와 보상	조정과 시정 행동	효율적인 의사소통
롤 모델		
영감		
참여형 의사 결정		

포춘 500 최고 경영자들 중의 한 사람이고 세계에서 가장 강력한 비즈니스 여성들 중 한 명인 펩시코PepsiCo의 최고 경영자인 인드라 누이Indra Nooyi는 그녀의 리더십 스타일을 '목적이 있는 공연performance with purpose'이라고 말했다. 인드라 누이는 21세기에

글로벌 리더에게 중요한 다섯 가지 리더십 교훈을 다음과 같이 제시했다.

1. 단기적인 것과 장기적인 것 사이에 균형을 잡아라. 효율적인 리더들은 단기적으로도 수익을 내지만, 장기적인 관점에서도 비전을 가질 수 있도록 균형점을 찾는 것이 필요하다.

2. 공적이면서 사적인 파트너십을 개발하라. 이런 협력은 상생 전략을 만들어내고 지역과 세계 경제를 성장시킨다.

3. 생각은 세계적으로, 행동은 지역적으로 하라. 기업 내 자체 업무 형태를 타파하고 기업끼리의 협업을 장려해야 한다. 반면 혁신적이면서 격이 다른 아이디어를 만들어내는 지역 관습을 포용해야 한다.

4. 열린 마음을 유지하고 변화할 태세를 갖춰라. 대화와 탐구를 끌어내는 탐색적인 질문을 하라. 머리와 가슴으로 리드하라.

5. 리더는 '매일 온몸으로 일하도록' 해야 한다. 임원진의 부모들에게 편지를 써서 그들의 자녀들이 얼마나 자랑스러운지 얘기하라. 이렇게 보낸 편지는 보다 나은 기업 문화를 형성하는 데 기여한다. 회사 임무를 완수하려는 임원진의 열정과 목적의식이 고양됐기 때문이다.

인드라 누이는 여성들을 위한 의미 있는 메시지를 전달하고 있다.

"우리 여성들은 내면의 목소리에 귀를 기울여야만 합니다. 여성들은 느끼는 것을 말하기를 두려워하지 않기 때문에 내면에 귀기울이기는 어렵지 않습니다. 우리는 여성성과 우리의 강함을 모두 지켜내야 합니다. 리더로서 저는 자신을 엄격하게 관리하면서 모든 사람들에 대한 기준도 높입니다. 저는 다른 사람들이 지금 하는 일을 잘 해내서 미래에는 저처럼 될 수 있다고 믿어 의심치 않습니다."

나폴레온 힐은 여성들의 리더십이 뛰어나다는 것을 이미 알고 있었다. 나폴레온 힐 재단은 1983년 매리케이 화장품회사의 설립자인 매리 케이 애시에게 금메달을 수여했다. 수여식에서 재단의 이사인 짐 올레손은 나폴레온 힐의 신념을 이렇게 말했다. "이것은 첫 번째이면서 역사적인 사건입니다. 오늘날에는 여성들이 밖으로 나설 수 있으며, 남성들이 하는 일을 할 수 있다는 것을 보여주고 있습니다. 더 낫게는 아니더라도 말입니다."

이에 대한 답사에서 매리 케이 애시는 다음과 같이 말했다.

"저는 《생각하라! 그러면 부자가 되리라》를 매일 한 장씩 꼼꼼하게 읽었습니다. 책에 있는 말을 실행할 때까지 일주일 동안 같은 장을 매일 읽었습니다. 그리고 책의 끝부분에서, 그 각각의 주일의 끝에서, 제 인생은 새로운 전환점을 맞았습니다. 여성들도 그들이 원하면 이 세상 어떤 일도 해낼 수 있다는 것을 느끼게 되었습니다. 제가 미국과 다른 국가들의 모든 사람

여자를 위한 생각하라! 그러면 부자가 되리라

들에게 알리고자 노력하는 것이 바로 이 메시지입니다.

'당신은 할 수 있습니다. 당신은 무엇이든 할 수 있습니다.'

예, 그렇습니다. 남성들이 할 수 있는 일이라면 무엇이든지 여성들이 더 잘해낼 수 있습니다."

매리 케이는《생각하라! 그러면 부자가 되리라》의 가르침을 따라 성공으로 가는 길을 걷게 되었다. 매리가 전 재산 5천 달러로 회사를 세웠을 때 그녀는 간절한 바람을 갖고 있었다. 그녀의 목표는 여성들에게 재정적인 성공을 할 수 있도록 무한한 기회를 주는 것이었다. 매리 케이는 믿음과 상상력을 지니고 있었다. 그리고 다른 여성들이 성공하도록 돕고, 앞으로 나아가도록 하는 좋은 아이디어도 갖고 있었다. 매리는 대단한 끈기를 보여주었고 위대한 리더가 되었다.

리더로서 그녀는 '사람은 모두 인간으로서 합당한 가치를 지니고 있다'고 믿었다. 모든 사람들은 중요한 사람이 되고, 무언가를 이루고, 어떤 가치 있는 것을 갖기를 바란다. 사람들은 당신이 그들에게 관심이 있다는 것을 알기 전까지 아무도 당신이 얼마나 대단한 리더인지 관심 갖지 않는다. 위대함은 당신 혼자 힘으로는 이루어낼 수 없다. 누군가를 돕는 사람은 직접적이든 간접적이든 주위 많은 사람들에게 영향을 준다.

매리 케이는 리더십에 대해 "우리는 우리 직원들을 왕족처럼 대합니다. 만약 당신을 위해 일하는 사람들을 존중하고 섬긴다면 그들 역시 당신을 존중하고 섬길 것입니다."라고 말했다.

당신의 계획은 명확해야 하고, 단기적 관점과 장기적 관점이 포함되어야 하며, 특정한 목표로 나아가야 한다. 만약 첫 번째 계획이 제대로 실행되지 않으면 새로운 계획을 다시 짜라. 만약 두 번째 계획도 실패한다면 또 다른 계획으로 대체하라. 최종적으로 잘 작동하는 계획을 찾을 때까지 이런 과정을 반복하라. 끈기가 필요하다. 많은 사람들이 실패하는 이유는 계획이 제대로 실행되지 않으면 포기해 버리기 때문이다. 나폴레온 힐은 다음과 같이 우리에게 상기시키고 있다.

"포기하는 사람은 절대 승자가 될 수 없다. 그리고 승자는 절대 포기하지 않는다."

여기 거론된 모든 여성들은 성공을 이루기 위한 큰 비전, 용기, 엄청난 끈기를 가졌다. 그녀들은 확실한 계획을 세웠고 그 계획을 이용해서 체계적인 전략을 세웠다.

델Dell사의 첫 번째 창업가인 잉그리드 반더벨트는 다음과 같은 단순하지만 강력한 문장으로 계획의 중요성을 강조했다.

"계획이 없는 욕구는 단순한 바람으로 남게 되는 꿈에 불과합니다. 불가능을 가능으로 만들기 위해서 혹은 당신이 원하고 상상하는 삶을 살기 위해서는 측정 가능한 단계를 이용하여 목표에 맞는 계획을 세우는 것이 중요합니다."

여자를 위한 생각하라! 그러면 부자가 되리라

당신은 확실한 계획을 갖고 있는가? 계획을 세우는 데 협동의 힘을 활용했는가? 당신은 체계적인가, 아니면 앞으로 더 체계화될 가능성이 있는가? 체계적인 계획이라는 주제가 아마도 가장 흥미롭지 않을지도 모르지만, 성공 성취를 위해 가장 중요한 요소임은 분명하다. 나폴레온 힐 세계학습센터^{Napoleon Hill World Learning Center}의 이사인 주디스 윌리엄슨은 체계적인 계획을 세우는 전략을 다음과 같이 밝혔다.

"체계적인 계획은 성공에 필수입니다. 책 쓰기부터 저녁 준비에 이르기까지 모든 일은 미리 계획하고 준비하는 과정이 필요합니다. 직장생활과 사업에서도 마찬가지입니다. 체계적이고 상세한 계획은 성공에 이르는 길을 설계하는 데 매우 중요합니다.

일단 전체적인 계획이 수립되고 나면 저는 그날 해야 할 열 개 항목에 대한 하루의 실행 리스트^{to-do list}를 작성합니다. 이런 작업이 장기적인 목표를 달성하는 데 도움을 줄 것입니다. 어떤 일을 성취해갈 때마다 해당 항목을 리스트에서 지우는 단순한 작업이 저에게 큰 성취감을 줍니다. 저는 리스트의 항목들 중 가장 쉬운 항목을 먼저 합니다. 쉬운 일을 먼저 끝냄으로써 하루를 기분 좋게 시작할 수 있기 때문입니다."

다만 목표를 정할 때, 우리의 영적, 신체적, 정신적, 사회적, 감성적, 재정적 목표와 관련된 항목들을 함께 다루어야 한다. 그렇게 하지 않으면 당신이 재정적으로 성공할 수 있지만, 그 성공을 즐길 정도로 건강하지 않을 수 있다.

다음과 같이 실행할 항목 리스트를 적어 시작할 수 있다. 1) 세차한다, 2) 화장실 청소를 한다, 3) 한 항목의 글을 쓴다. 이런 행동은 리스트에 있는 항목들을 행동으로 옮기는 데 도움을 준다. 그리고 하루를 마감할 때 목표를 성취했는지도 쉽게 파악할 수 있도록 한다.

큰 목표를 달성하는 데 도움이 되는 작은 목표들을 단계적으로 완수해 나가는 과정은 삶 자체에 큰 도움이 될 것이다. 주변에 사물을 관찰해봐도 알 수 있다. 매일 배달되는 신문이 주말에는 큰 짐이 될 만큼 쌓인다. 우편물을 치우지 않고 놔두면 식탁 위를 점점 넓게 차지하다가 마침내 위로 쌓여 올라가기 시작할 것이다. 말 그대로 '나중에' 쓰기 위해 미뤄두었던 것들이 곧 삶 전체를 차지하게 되는 것이다. 할 일 리스트를 만들고 매일 적절한 시간 동안 잡동사니를 처리한다면, 매월 말에 큰 성취를 거둘 수 있을 것이다. 우리가 이런 자연법칙을 제대로 활용하는 법을 알게 되면 이 법칙을 우리가 원하는 모든 목표에 유사하게 적용할 수 있다.

나는 체계적일 때 가장 큰 능력을 발휘한다. 나의 전 직장 상사는 성공하려면 내가 작업하고 있는 모든 프로젝트 관련 문서를 체계화해야 한다고 말하곤 했다. 다음 프로젝트로 넘어갈 때 나는 모았던 모든 노트, 영수증, 메모 등을 문서철에 집어넣었다. 그리고 나중에 기억을 되살리기 위해 일정을 기록한 달력과 통화 기록들을 보관해 놓는다. 그 문서철은 내가 필요로 하는 날까지 항상 나를 기다리고 있다.

우리 자신의 삶을 진정으로 변화시킬 수 있는 유일한 사람은 바로 우리 자신뿐이다. 기본적으로 변화가 우리에게서 시작되어야 한다는 말은 진실이다. 우리가 변하면 주위의 모든 것들이 따라서 변한다. 우리 자신이 체계적이게 되면 다른 사람들이 변화하도록 더 잘 이끌 수 있다.

하지만 하루가 끝나고 다음날까지도 체계화된 상태를 유지해야 하는 것은 어려울 것이다. 이런 어려움을 극복하기 위해서는 당신의 명확한 목표를 지원해주는 새로운 습관을 형성하는 것이 필요하다.

· 철저한 계획 실천하기 ·

직장생활 초기에 나는 모든 것을 알아야 한다고 생각했다. 질문을 한다는 것은 내 지식이 부족하다는 것을 드러내고, 사람들이 나를 얕잡아보는 원인이 된다고 생각했다. 나는 이런 두려움이 내 개인적인 성취를 등급 매겼던 학교생활의 결과라고 생각한다.

나는 이런 생각이 얼마나 어리석은 것인지 금방 깨달았지만, 항상 정답을 갖고 있기를 바라는 습관을 깨는 데는 오랜 시간이 걸렸다.

나는 집중력을 유지하면서 체계적인 계획을 세우기 위해 몇 가지 습관들을 만들었다. 먼저 해야 할 일 리스트에 더하여 하지 말아야 할 일 리스트stop-doing list를 만들었다. 그리고 하지 말아야 할 리스트에는 나에 비해 다른 사람들이 더 효율적으로 수행했던 일들을 써 내려간 후 그 일들을 다른 사람에게 맡겨 버렸다. 20년 전부터 나는 집안 청소와 세탁을 다른 사람에게 맡기고, 더 많은 시간을 가족과 혹은 글을 쓰는 데 보내기 시작했다. 남편이 양말 접는 방법을 불평하긴 하지만 내 결정이 옳았다고 생각한다. 덕분에 모든 일을 처리해야 한다는 스트레스가 줄어들고, 이런 일에 대한 죄의식에서 완전히 벗어났기 때문이다!

또한 나는 '2-2-2 계획'을 만들어냈다. 이 계획이 매일매일 내 사업의 미래와 집중하는 습관을 형성하는 데 도움을 준다. 나는 매일 저녁 컴퓨터 전원을 끄기 전에 내 사업에 새로운 기회를 여는 데 도움을 준 여섯 사람에게 연락을 취했다. 처음에 이 계획은 두 통의 전화 걸기, 손으로 두 통의 편지 쓰기, 두 통의 팩스를 보내는 것을 의미했다. 지금은 두 개의 소셜미디어 포스팅, 두 통의 이메일, 두 개의 손으로 쓴 노트 등을 의미한다. 계획이 바뀌었어도 의도는 똑같다. 사업을 성장시키는 계획을 따르는 데 항상 집중하는 것이다. 이런 습관을 취하는 것은 내 노력을 유지하는 데 도움을 준다. 나아가 그 습관이 내가 성장하도록 도움을 준 사람들에게 감사를 전하도록 해주고 있다.

우리 모두는 감사가 행복한 삶을 살아가는 데 매우 중요하다는 말을 듣고 있다. 휴스턴 대학교 사회복지대학원의 연구 교수인 브레네 브라운 박사는 "저는 감사와 기쁨을 분리해서 얘기하지 않습니다. 12년 전부터 저는 감사를 적극적으로 말하지 않으면서 삶이 즐겁다고 말하는 사람들을 절대 인터뷰하지 않습니다."라고 말했을 정도다.

전문가들이 증거를 갖고 주장하는 바에 따라, 나는 다음과 같은 주장을 견고하게 믿고 있다. "적극적으로 감사를 표하는 것이 당신에게 기쁨을 가져온다."

또한 나는 리더십을 발휘할 때 나오는 엄청난 에너지와 희열을 발견했다. 브레인스토밍은 다양한 마음들이 상호 작용하면서 상상력이 기하급수적으로 타오르는 환경을 만들어낸다. 이 과정은 '…라면 어떻게 될까what-if'라는 질문을 통해 섣부른 판단 대신 아이디어를 쏟아내고 그룹의 생각 범위를 넓힌다. 리더는 이런 과정이 잘 진행되도록 촉진자 이상의 역할을 해야 한다. 어느 미팅에서 리더십을 가진 한 멤버가 나에게 "방향과 목표를 명확하게 유지하면서 당신처럼 품위 있게 회의를 이끄는 사람을 여태껏 본 적이 없습니다."라고 칭찬했다.

이처럼 나는 더 나은 리더가 되기 위해서 감사의 힘을 배우고 더 옳은 결정을 하는 데 스스로 앞장서야 한다는 것도 역시 배웠다.

코니 린지

노던트러스트^{Northern Trust}의 사회적 책임 부서의 책임자이자 수석 부사장, 미국 걸 스카우트의 이사장

"위대한 리더는 위대한 종입니다."

해리엇 우즈

미국 정치인이자 상원의원

"다른 사람 위에 올라서지 않고도 당신은 크게 설 수 있습니다. 희생자를 만들지 않고도 당신이 승리자가 될 수 있습니다."

마거릿 대처

전 영국의 총리

"힘이 강하다는 것은 숙녀가 되는 것과 같습니다. 만약 당신이 사람들에게 강하다고 말해야 한다면, 당신은 강한 것이 아닙니다."

글로리아 스타이넘

미국 페미니스트 리더이자 언론인

"미리 계획하는지를 보면 계층을 알아볼 수 있습니다. 부유층과 중산층은 미래 세대를 위해 계획하지만, 가난한 사람들은 오로지 몇 주 혹은 며칠 앞만을 내다보고 계획합니다."

• 스스로에게 물어보기 •

이번 장을 읽으면서 당신의 실행 단계를 파악하고, "아하"라는 감탄사를 자아내고, 성공 성취를 위한 당신의 계획을 만들어내는 데 일지 쓰기를 활용하라!

이번 장의 제목이 철저한 계획이긴 하지만 이번 장에서는 리더십의 중요성이 강조되었다. 당신의 일지에 나폴레온 힐이 제시한 좋은 리더가 되기 위해 필요한 다음의 속성들을 기록하고, 각각의 속성에 대해 자신을 어떻게 평가하는지 서술하라.

리더십에 대한 11가지 주요 속성
1. 변함없는 용기.
2. 자제심.
3. 신랄한 정의감.
4. 명확한 결정.
5. 확실한 계획.
6. 받은 것보다 더 많이 일하는 습관.
7. 유쾌한 성격.
8. 공감에 기반한 이해.
9. 세부 사항에 통달.
10. 전적으로 책임을 지려는 마음.
11. 협력.

리더십은 권력을 필요로 하고, 권력은 협력을 필요로 한다.

이제 당신의 노트를 점검해보고 자신이 향상시킬 수 있다고 생각하는 두세 가지 분야를 골라라. 그 항목들을 기록하고 이를 실현할 구체적인 계획을 세워라. 그 다음에는 30일 동안 당신이 세운 계획을 실행하라.

좋은 리더가 되는 속성을 아는 것뿐만 아니라 좋은 리더가 되는 데 방해요소가 무엇인지 아는 것도 중요하다. 나폴레온 힐은 리더십의 10가지 실패 요인을 제시했다. 나폴레온 힐은 무엇을 하지 말아야 하는지를 아는 것도 중요하다고 말하고 있다.

리더십의 10가지 실패 요인

1. 상세하게 체계화하는 능력 부족.
2. 겸손하게 봉사하는 것을 원하지 않음.
3. 그들이 아는 것을 활용해 실제로 한 일에 대해서가 아니라, 그들이 아는 것 자체에 대한 대가를 받기를 기대하는 것.
4. 추종자들이 경쟁에 나설 것인가에 대한 두려움.
5. 상상력 부족.
6. 이기심.
7. 무절제.
8. 불충실.
9. 리더십의 권위에 대한 강조.
10. 직함(타이틀)에 대한 강조.

이제 당신의 노트를 살펴보고, 각 항목들을 읽었을 때 '바로 이거구나' 하는 느낌이 오는 두세 가지 항목을 골라라. 당신에게서 그 실패 요인을 없애기 위해 할 수 있는 일은 무엇인가? 해당하는 실패 요인을 없앨 구체적인 계획을 세워라. 다음에는 30일 동안 당신이 세운 계획을 실행하라. 당신이 하지 말아야 할 항목 리스트를 작성하라. 아무리 작은 일이라도 당신이 중지할 수 있고, 또 중지해야만 하는 항목을 적어도 세 가지 생각해내라. 그렇게 함으로써 성공을 위한 확실한 계획에 더 많은 시간을 집중할 수 있게 될 것이다.

나는＿＿＿＿＿하는 것을 그만둘 것이다.

매일매일 당신의 미래 계획을 실행하는 습관을 만들기 위해 '2-2-2 계획'을 만들어라. 이 계획이 당신의 리더십과 맞물리게 하라. 조력자나 친구들을 한데 모아놓고 실패에 대한 속성과 요인들에 대해 함께 토론하라. 이런 작업을 하다 보면 당신이 개선할 필요가 있는 분야를 그들에게서 배우고 찾아낼 수 있을지도 모른다. 당신의 조력자와 친구들이 리더십에 대해서는 당신보다 한 수 위의 실력을 갖고 있을지도 모른다.

그냥 즐겨라!

계획이 없는 욕구는

단순한 바람으로 남게 되는 꿈에 불과합니다.

불가능을 가능으로 만들기 위해서

혹은 당신이 원하고 상상하는 삶을 살기 위해서는

측정 가능한 단계를 이용하여

목표에 맞는 계획을 세우는 것이 중요합니다.

결정력

나폴레온 힐은 결정의 반대말이 미루기라고 정의한다.
미루기는 우리가 성공을 추구할 때
반드시 맞닥뜨리게 되는 공통의 적이다.

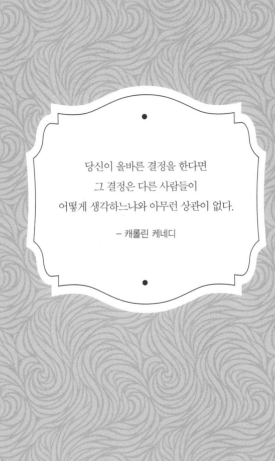

당신이 올바른 결정을 한다면
그 결정은 다른 사람들이
어떻게 생각하느냐와 아무런 상관이 없다.

– 캐롤린 케네디

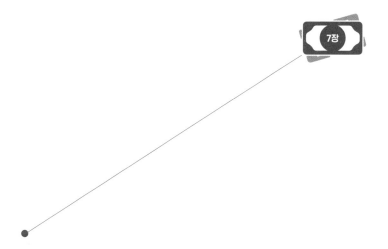

해야 할 일을 미루어 본 적이 있는가? 미래의 어느 시점까지 어떤 일을 연기해 본 적이 있는가? 어떤 일을 해내야 하는 마지막 순간까지 기다렸다가, 마감 시간 직전에야 겨우겨우 밀어내는 식으로 해낸 적이 있는가?

당신은 압박감을 느끼면서도 '일을 잘하고 있고 따라서 모든 일이 잘 해결될 것이야'라고 되뇌며 프로젝트를 지연시키는 것을 합리화한 적이 있는가?

나폴레온 힐은 결정의 반대말이 미루기라고 정의한다. 그리고 미루기는 우리가 성공을 추구할 때 반드시 맞닥뜨리게 되는 공통의 적이라고 말한다.

부자가 된 사람들에 대한 그의 연구결과에서 나폴레온 힐은 다음과 같이 지적했다.

"성공한 사람들은 모두 적시에 맞춰 결정하는 습관을 갖고 있습니다. 내린 결정을 바꾸어야 하는 경우에만 천천히 결정을 합니다. 반면 부자가 되지 못한 사람들은 결정을 한다 하더라도 아주 천천히 결정하는 습관을 갖고 있고, 그 결정을 빨리 그리고 자주 바꾸는 경향이 있습니다."

명확한 목표와 간절한 바람을 결합하면 결정을 적시에 보다 쉽게 할 수 있고, 훨씬 덜 미루게 된다. 하지만 만약 당신이 다른 사람들의 의견에 쉽게 흔들린다면 결정 능력에 악영향을 줄 것이다.

《악마를 뛰어넘기》라는 저서에서 나폴레온 힐은 한 걸음 더 나아간 '떠돌이'라는 개념을 소개하고 있다. 떠돌이는 외부 환경에 지배당하고 영향받도록 자신을 허용하는 사람, 즉 삶이 그의 앞길에 던진 것들에 반항하거나 투쟁해보지도 않고 그냥 받아들이는 사람을 말한다. 당신이 떠돌이라고 생각하는 사람이 떠오르는가? 그들이 결정을 하는 데 어려움을 느끼는가? 그들은 시류 흐름에 따라가는가?

자, 이제 매우 성공한 사람을 생각해보라. 아마 당신은 틀림없이 그들이 떠돌이가 아니라고 생각할 것이다. 그들은 확고한 주관으로 쉽게 결정을 내린다. 빠르게 결정하고 행동으로 옮기는 사람들은 종종 그들 분야에서 리더가 된다. 명확하게 결정하려면 용기가 필요하다. 용기는 두려움이 없는 상태가 아니라, 두려움에도 불구하고 행동하는 것이다.

가장 어려운 일은 행동하겠다는 결심이다. 나머지는 단순한 끈기다. 두려움은 이빨 빠진 호랑이다. 당신은 하기로 결심한 일은 무엇이든지 할 수 있다. 변화를 위한 행동을 취할 수 있고, 당신의 삶을 조종할 수도 있다. 그리고 목표를 진행하는 과정 그 자체가 보상이다.

매일 어렵게 살아가는 여성들이 있다. 그녀들 중 많은 사람이 자신과 가족을 위해 무슨 일이든 하겠다는 용기를 가졌다. 마기 알리프란디도 그런 여성이었다. 마기 알리프란디는 자녀들을 지원할 사업을 설립하기로 결심했는데, 그 과정에서 전 세계 수천 명의 여성에게 희망과 기회를 제공할 수 있게 되었다.

"26년 전 저는 힘든 환경에 직면하여 의구심에 가득 찬 채 삶의 교차로에 서 있었습니다. 저는 세 어린 자녀를 거느린 싱글 맘이었습니다. 저는 큰 꿈을 가지고 있었습니다. 하지만 중학교 음악 교사인 제 직업으로는 그 꿈을 절대로 이룰 수 없었습니다. 그래서 네트워크 마케팅 비즈니스 기회가 왔을 때 무조건 그 일을 하겠다고 결심했습니다. 그 결심이 제 삶과 전 세계 수십만 명의 삶을 바꿔놓았습니다.

당시 저는 사업 경험도 없었고, 초기 자본도 없었습니다. 하지만 저는 명확한 목표를 가지고 있었습니다. 명확한 목표는 확실하고, 타협할 수 없으며, 헌신이 필요한 결심을 적시에 쉽게 내릴 수 있도록 저를 이끌어주었습니다. 그러한 결심이 있었기 때문에 절대 미루지 않을 수 있었습니다.

무조건적인 결정은 용기를 갖고, 자신을 알고, 자신을 믿고, 큰 꿈을 품고, 끈기를 갖고 하는 결정을 의미합니다. 처음에 저는 비행기 표 살 돈이 없어서 낡은 자동차로 먼 거리를 이동했고, 호텔비가 없어 그 자동차 안에서 자고, 주유소 화장실에서 옷을 갈아입고, 참석자도 몇 안 되는, 심지어 한 명도 없는 미팅에 참석하기 위해 뛰어 다녔습니다. 무조건적인 결정이 저를 이렇게 이끌었습니다.

1년이 지나자 끈기가 결실을 맺어서, 음악 교사로 1년 동안 벌던 수입보다 한 달에 버는 돈이 더 많을 정도가 되었습니다. 그리고 3년 후에 저는 백만장자가 되었습니다. 지금 저는 250개 이상의 팀을 가지고 있는데, 이는 세계에서 가장 규모가 큰 네트워크 마케팅 팀입니다. 어떤 사람들은 제 무조건적인 결정을 두고, 세 살짜리 아들이 "엄마, 가지 마."라고 애원하는 것을 눈물로 떼어내는 비참한 결정이라고 말할지도 모르겠습니다. 제가 회의에 가려고 나서면, 제 아들은 맨발로 뛰쳐나와 잠옷을 입은 채 거리에 서 있곤 했습니다. 그러면 저는 차에서 내려 그런 아들을 껴안고 울었습니다.

하지만 저는 장기적인 성취를 위해서 단기적인 희생을 감수하기로 결심했습니다. 만약 제가 우는 아들의 말을 듣고 집에 머물렀다면, 네 자녀들의 삶을 풍족하게 해주고, 온 세계를 여행할 수 있도록 해주고, 자신감 넘치고 다정하며, 책임감 있는 부모로서의 제 모습을 보여줄 수 있는 사업을 이뤄낼 수 없었을 것입니다. 이런 노력은 제가 재정적으로 풍요로워지는 씨앗이 되었을 뿐만 아니라, 어느 정도는 제 자녀들이 오늘날의 자랑스러운 모습으로 자라나는 씨앗도 되었습니다. 저는 아이들에게 헌신, 성실, 신뢰의 모델이 되었습니다. 변함없이 제 꿈을 추구하면서도 저는 아이들에게 그들의 꿈도 중요하다는 것을 보여주었습니다. 현재 제 아이들이 매일 보여주는 모습이 무엇보다도 가장 소중한 수확입니다.”

그러니 당신의 명확한 목표에 깊이 파고들어라. 당신이 무엇을 정말로 원하는지 결정하라. 그 목표를 이룰 수 있도록 명확하고 확고하게 결정하라. 당신의 결정이 명확하고 확고할 때 그 결정을 번복하지 않게 된다. 미루지 않게 되고 성공의 길로 나아가게 될 것이다. 나폴레온 힐이 말했듯이 “적시에 명확하게 결심을 하는 사람들은 자신들이 무엇을 원하는지 알고, 또 그것을 성취하게 된다.”

내가 《여자를 위한 생각하라! 그러면 부자가 되리라》을 집필한다는 소식을 들은 어느 젊은 여성은 자신의 이야기를 들려주고 싶다며 연락을 해왔다. 킴벌리 슐테의 이야기는 오늘날 많은 여성이 직면하고 있는 문제를 보여주고 있으며, 이에 대해 그녀는 어떻게 남들과 다른 결정을 내리는 영감을 받았는지 보여주고 있다. 킴벌리 슐테가 소개한 자신의 이야기는 다음과 같다.

"저는 엄청난 충격을 받고 절망에 빠진 채 부엌 식탁에 앉아 있었습니다. 절망스럽고 불안한 감정이 저를 탈진시켰습니다. 삶에 대한 흥미와 열정은 사리지고 절망감만 남아 있었습니다. 현실을 부정하면서, 제가 생각한 것은 오로지 '어떻게 하다가 내가 사십 줄에 접어든 싱글 맘이 되었을까? 어떻게 하다가 안락하고 호화로운 삶에서 실패한 결혼으로 끝나 버렸을까? 어떻게 하다가 수만 달러의 빚을 짊어지고 재정적인 파탄에 이르렀을까?'였습니다.

두려움에 휩싸여 저는 아무런 결정도 내리지 못했습니다. 그 당시 미처 알지 못했던 것은 제가 하지 않은 모든 결정이 결국 저를 이 지경으로 만들었다는 사실이었습니다.

결정하지 않으면 미루게 됩니다. 저는 그걸 가장 잘 했습니다. 결정하는 것을 회피하면 불안에서 오는 고통을 줄일 수 있었습니다. 하지만 이런 응급 처방은 결코 지속되지 못했고, 훗날 저에게 큰 대가를 치르도록 만들었습니다. 저는 미루는 버릇을 싫어했지만, 계속해서 미루고 또 미뤘습니다.

그러다 어느 날 나폴레온 힐의《생각하라! 그러면 부자가 되리라》를 읽기로 결심한 다음, 놀라운 속도로 나아지기 시작했습니다. 제가 결정을 하고, 행동을 취하고, 스스로 변화하도록 영감을 준 것입니다!

저는 그 책을 단순히 읽은 것이 아니라 연구를 했습니다. 책에 메모를 하고 그 내용을 사색했습니다. 나폴레온 힐의 13가지

원칙은 정말로 대단합니다. 특히 제 마음 속에 화살처럼 꽂힌 원칙은 바로 일곱 번째인 결정력이었습니다.

나폴레온 힐은 부자가 된 사람들은 모두 한 가지 중요한 공통점이 있다고 설명했습니다. 부자들은 적시에 확실하고 빠른 결정을 하되, 바꿀 필요가 있을 때는 천천히 그 결정을 바꾸는 습관을 가졌습니다. 제가 곤경에 처했던 것은 어쩌면 당연한 일이었습니다. 저는 반대로 살고 있었습니다! 두려움에 떨면서 결정하지 않는 습관을 키웠습니다. 결정을 하려면 용기가 필요합니다. '만약 내가 틀렸다면 어떻게 되는 거지? 내린 결정이 제대로 작용하지 않으면 어떡하지? 만약 내가 실패하면 어떻게 되지?'

제 습관을 바꿀 필요가 있었지만, 어디서부터 시작해야 할지 몰랐습니다. 그래서 저는 처음부터 시작하기로 했습니다. 다시 말해 저는 일단 시작했습니다. 첫 번째로 결심을 했고, 행동으로 옮김으로써 그 결심을 실행해 나갔습니다. 그러자 다음 결정을 내리기가 더 쉬워졌고, 탄력을 받았습니다.

저는 낡은 사고방식을 바꾸기로 결심하고 오직 결과를 내는 것만 생각했습니다. 아직 두려움이 남아 있었지만 공포를 극복하기로 결심하면서, 제 생각은 이렇게 바뀌었습니다.

'만약 내가 믿음에서 벗어난다면 내 삶은 어떻게 될 것인가? 만약 내가 제대로 실행되지 않는 방해 요인을 알아서 그걸 극복할 수 있게 된다면 어떻게 될 것인가? 만약 내가 성공한다

면 어떻게 될 것인가? 내가 피했던 것들을 끝냈을 때 그로 인해 나는 어떤 느낌을 갖게 될 것인가?'

저의 변화된 관점에 영감을 받아서 필요한 순간에 한 가지 결정만 내리기 시작했고, 그걸 완수해내기 위해 의식적으로 행동했습니다. 매번 결심을 해나가자 두려움이 점차 사라졌습니다. 더 많이 용기를 낼수록 자신감이 더 많이 커졌습니다. 그러자 다음 결정을 하기가 점점 더 쉬워졌습니다. 저는 상쾌했고, 행복했고, 자신감이 생겼습니다. 이것이야말로 자유였습니다!

제 과거에서 벗어났을 때, 저는 새로운 깨달음을 얻었습니다. 저는 현금이 없었지만 더 이상 원하는 것도 필요한 것도 없는 부자가 되었습니다. 그 당시에 제 자신, 제 가정, 제 집, 제 아이들을 위해 그렇게 중요하게 보였던 것들이 이제는 저에게 무겁고, 부담스럽고, 하등 소용없는 것이 되었습니다. 저는 쫓겨난 집의 절반 이하 크기 규모의 집으로 이사했습니다.

의미가 없어진 물건들은 다른 사람들에게 줘버리거나 내던져 버렸습니다. 보관할 장소가 부족했기 때문에 정말로 필요하고 사랑하는 물건들만 간직하게 되었습니다.

저는 더는 '물건들'을 사는 걸 원치 않게 되었습니다. 바로 그때 그 지점에서 빚을 갚고, 자신에게 투자하기로 결심했습니다. 그러자 돈을 좀 더 계획적이고, 현명하고, 목적에 맞게 사용하게 되었습니다. 제 결정은 명확했습니다. 단기간의 즐거움보다 인생의 가치를 높여주는 특별한 기술을 배우는 데 돈을 쓰기로 했습니다. 제가 정말 원하는 것들, 즉 코칭, 요가, 운동을 배우는 데 투자하였습니다. 그 덕분에 저는 제가 가르치고 영감을 주는 수백 명의 사람의 삶을 변화시킬 수 있었고 의미 있는 삶을 사는 축복을 받을 수 있었습니다.

나폴레온 힐의 결정력을 읽고 적용하면서, 제 삶은 소비적인 생활에서 생산적인 삶으로 변화되었습니다. 지금 저는 제가 하는 일을 통해 매일 세상에 가치를 더하고 있습니다. 이건 제 삶은 물론이고 다른 사람들의 삶에도 축복입니다!"

결정에 대해 너무 과도하게 생각하는 것도 멈추고, 미루기도 멈춰라. 미루기는 주저함을 키우고, 주저함은 다시 미루기를 키운다. 지체 없이 앞으로 나아가라. 처음에는 이게 투쟁처럼 보일지 모르지만, 이처럼 힘든 이유는 단순히 앞으로 나아가는 데 필요한 근육이 약해지고 쇠퇴했기 때문이다. 더 많은 결정을 할수록 점점 더 가속도가 붙어서 더 쉽게 결정을 하게 된다.

그리고 모든 일을 한꺼번에 하지 마라! 이 점을 기억하라. 우리 여성들은 훌륭한 협력자다. 당신을 앞으로 나아가도록 돕는 롤 모델, 멘토, 팀원들을 찾아내라. 당신이 그걸 해낼 가치가 있다고 결정하고 지금 시작하라.

나는 그동안 "압박 받으면서도 최선을 다해 일했어.", "마감 시한에 직면했을 때 오히려 최상의 성과를 냈어."라고 망설임 없이 말해왔다. 나폴레온 힐의 《생각하라! 그러면 부자가 되리라》의 결정력 장을 읽으면서 나는 큰 깨달음을 얻었다. 나는 내가 미루기 선수로, 이런 말들로 핑계를 대고 있다는 것을 알았다. 우리 대다수는 어려운 결정을 미루는 경향이 있다. 결과에 대한 두려움 혹은 변화에 대한 두려움 때문이다. 어떤 사람들은 이걸 평지풍파에 대한 두려움이라고 부른다.

내 삶에서 가장 어려웠던 결정은 부자아빠기구^{Rich Dad organization}를 떠나는 것이었다. 나는 그 회사의 탄생에 참여했고 10년 이상 그 회사를 키우는 데 열과 성을 다했었다. 거기서 출간한 책은 내 자식들과 같았다. 하지만 수년 동안 나는 회사 동료들과 멀어지는 것을 느꼈다. 우리는 그 사업 목표에 대한 의견이 일치하지 않았다. 그들은 회사를 프렌차이즈 모델로 전환해서 확장하기를 원했다. 반면 나는 여태 그래왔던 것처럼 사람들의 재정적인 문제를 돕는 적절한 가격대의 제품을 계속 만들어내기를 원했다. 사무실 분위기도 한때는 긍정적이었다가 갑자기 부정적으로 바뀌곤 했다.

매주 나는 "내 입장에서 내가 여기 머무는 게 좋은가?"라고 자문하고는 곧바로 "아니!"라고 답하곤 했다. 그러다가 "회사 입장에서 내가 여기 머무는 게 좋은가? 내가 아직도 긍정적인 영향을 회사에 주고 있는가?"라고 다시 묻곤 했다. 그 대답이 "예."로 나오는 수년 동안 나는 결국 회사에 남아 있었다.

마침내 떠나기로 결정을 내렸을 때 나에게 다른 기회의 문이 열렸다. 조지 부시 대통령이 나에게 재정 분야 자문위원회의 위원이 돼 달라고 요청했고, 나는 부시 대통령과 오바마 대통령을 위해 일하게 되었다. 그건 엄청나게 영광스러운 일이었고, 만약 내가 부자아빠기구에 그대로 있었다면 경험할 수 없었던 일이었다.

그러고 나서 돈 그린이 나에게 전화를 해서 나폴레온 힐의 저작을 되살리는 일을 함께 해보자고 제안했다. 그 일은 〈악마를 뛰어넘기〉라는 나폴레온 힐의 미공개 원고에 주석을 다는 일이었다. 가장 큰 개인 금융 브랜드를 구축한 뒤에 가장 큰 자기계발 브랜드를 만드는 데 발을 들여놓을 수 있다니, 이 얼마나 큰 영광인가!

새로운 습관을 들이는 데 3주 정도 걸린다고 들었다. 그런데 이 평균적인 수치는 왜곡된 경향이 있다. 내 경우에는 더 나은 습관을 형성하는 결정을 하는 데 2년 가까운 시간이 걸렸기 때문이다.

내 현재 목표는 운동과 더 나은 식습관을 통해 건강을 향상시키는 것이다. 나는 충분히 운동하지 않는 미루기 습관을 버리고, 더 건강해지도록 매일 긍정적인 행동을 할 것이다.

많은 여성이 자신을 최하위 순위에 놓고 일과 가정을 최우선 순위에 둔다. 내 목표는 나 자신을 포함해 모든 여성들이 자신을 더 잘 돌볼 수 있도록 돕는 일이다. 그렇게 함으로써 우리는 오히려 가족, 일, 비즈니스, 가정을 더 잘 돌볼 수 있게 될 것이다.

버지니아 로메티

IBM의 회장 겸 최고 경영자

"'말보다 행동이 더 큰 소리로 말한다'는 제 어머니가 남긴 말입니다. 오늘날 저는 무슨 일을 할 때마다 그 말을 생각합니다. 제가 그 말을 생각하는 이유는 어머니가 믿을 수 없는 일들을 해냈기 때문입니다. 저 또한 이 말을 실천한 이후로 해결할 수 없는 문제는 하나도 없었습니다. 당신도 해결할 수 없는 일은 하나도 없다는 것을 믿게 될 것입니다. 제 어머니가 가르쳐준 것은 당신 스스로 자신을 규정하라는 것입니다. 다른 사람들이 당신을 규정짓도록 하지 마십시오."

칼리 피오리나

휴렛 팩커드HP사의 최고 경영자

"로스쿨을 그만두는 것이 제 삶에서 가장 어려운 결정이었습니다. 하지만 저는 그것이 제 삶이고, 그로 인해 제가 원하는 삶을 살 수 있다는 강한 안도감을 느꼈습니다."

앤 맥네일

자기 계발 전문가

"당신의 운명은 운에 달린 게 아니라 당신이 매일 내리는 선택의 결과입니다. 그런 선택은 당신을 향상시키기도 하고, 당신의 꿈을 침몰시키기도 합니다. 오늘 당장 당신이 되기를 원하는 사람, 그리고 당신이 가치 있다고 여기는 사람이 되겠다고 결심하십시오. 당신의 성공은 당신의 손안에 있습니다."

산다 섬프터

하트코어비즈니스HeartCore Business의 설립자

"부는 당신이 얼마나 많은 기회를 갖느냐가 아니라 당신이 어떻게 결정하느냐에 따라 만들어집니다. 당신은 기회의 홍수 속에 자신을 던져 넣을 수 있습니다."

• 스스로에게 물어보기 •

이번 장을 읽으면서 당신의 실행 단계를 파악하고, "아하"라는 감탄사를 자아내고, 성공 성취를 위한 당신의 계획을 만들어내는 데 일지 쓰기를 활용하라!

당신은 결정하지 못했거나 미뤘던 순간을 생각해 낼 수 있는가?

그런 순간을 어떻게 처리해 왔는가?

당신이 미루기를 극복하는 데 도움이 될 몇 단계를 여기 소개한다.

1. 명확하고 확실한 목표를 설정하라. 그 목표가 스마트^{SMART} 목표인지 확인하라.

   a. 구체적이다^{Specific}

   b. 측정 가능하다^{Measurable}

   c. 달성 가능하다^{Achievable}

   d. 현실성이 있다^{Realistic}

   e. 시간이 정해져 있다^{Time-bound}

2. 당신의 목표를 가족과 친구들에게 알려라. 그렇게 함으로써 목표가 더욱 실현 가능해진다.

3. 목표 집중에 방해가 되는 방해물을 제거하라.

4. 당신의 나쁜 습관을 파악하라. 아마도 SNS를 계속 들여다보기, 또는 이유 없이 웹 서핑하기 등을 생각할 것이다. 이것들은 미루기 습관의 시작점이다. 그것들을 파악하고 자신을 멈춰 세워라.

5. 완벽해지려고 노심초사하지 마라. 그냥 시작하라.

6. 임무를 잘게 쪼개라.

7. 작은 승리를 만들어내고, 각각의 승리를 축하하라.

8. 그냥 지금 바로 행하라!

오늘 자신의 인생 설계도를 만들겠다고 결심하라.

결정에 대해 너무

과도하게 생각하는 것도 멈추고, 미루기도 멈춰라.

미루기는 주저함을 키우고

주저함은 다시 미루기를 키운다.

지체 없이 앞으로 나아가라.

더 많은 결정을 할수록 점점 더 가속도가 붙어서

더 쉽게 결정을 하게 된다.

인내심

인내심은 믿음을 유도하는 데 필요한 지속적인 노력이다.
인내심을 가지면 성공이 다가올 것이다.

절대 포기하지 마라.
왜냐하면 그 순간 바로 거기에서
파도가 방향을 바꾸기 때문이다.

– 해리엇 비처 스토우

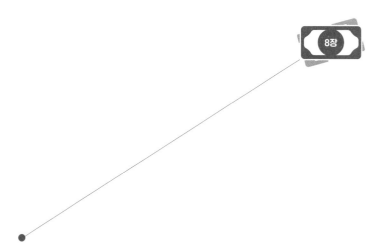

당신이 목표에 가까워지고 새로운 것을 시작하려고 가슴이 불타오르는데 당신 앞에 갑자기 벽이 솟아오른다. 당신은 어떻게 그 벽을 타고 올라서 극복할 수 있겠는가?

예기치 않은 뉴스를 접한다. 삶이 갑자기 변하고 앞으로 어떻게 진행될지 상상할 수 없기 시작한다. 당신은 그런 불확실성을 헤쳐 나갈 수 있겠는가?

나폴레온 힐은 그의 성공철학에서 "의지력과 바람이 적절하게 결합하면 천하무적이 된다."고 말했다. 나폴레온 힐에 따르면 인내심은 마음의 상태다. 마음은 누구나 훈련을 하면 바꿀 수가 있다.

인내심을 갖기 위해 자신을 훈련하는 사람은 다음 여덟 가지 요소들을 이런 훈련의 기초로 삼을 수 있다.

1. 명확한 목표. 무엇을 원하는지 아는 것은 인내심을 기르는

첫 번째이자 가장 중요한 단계다. 강한 동기가 많은 어려움을 극복하는 데 힘이 된다.

2. 바람. 간절한 바람의 대상을 추구하는 것이 인내심을 얻고 유지하는 데 비교적 쉬운 길이다.

3. 자존감. 어떤 계획을 실행하는 데 있어서 자신의 능력을 믿으면 인내심을 갖고 그 계획을 수행할 용기가 나게 된다.

4. 확실한 계획. 구체적으로 세운 계획은 비록 그 계획이 빈약하고 전체적으로 비현실적이라도 인내심을 북돋는다.

5. 정확한 지식. 경험이나 관찰로 자신의 계획이 타당하다는 것을 알게 되면 인내심이 북돋아진다. 다만 '아는 것'이 아니라 '추정하는 것'은 인내심을 파괴한다.

6. 협력. 공감, 이해, 다른 사람들과의 조화로운 협력은 인내심을 키워준다.

7. 의지력. 명확한 목표를 달성하기 위해 계획을 세우는 데 집중하는 습관은 인내심을 길러준다.

8. 습관. 인내심은 습관의 직접적인 결과물이다. 마음은 하루하루의 경험이 덧입혀지면서 그 경험을 흡수하고, 그 경험의 일부가 된다. 가장 큰 적인 두려움은 용기 있는 행동을 반복함으로써 효과적으로 치유할 수 있다.

여성들의 경우에는 이 여덟 가지 요소 중 몇 가지는 적용하고 실행하는 것이 놀라울 정도로 쉽지만, 다른 몇 가지들은 적용하고 실행하는 것이 크나큰 도전으로 느껴질지도 모른다.

여성들은 종종 자신들을 보호자, 지원자, 친한 친구, 중재자로서 자리매김하고 그 상태를 유지하길 바란다. 어떤 여성들에게는 명확한 목표를 세운다는 것이 이기적인 것처럼 느껴지기도 한다. 명확한 목표를 세우고, 그 목표를 성취하기 위해 노력하는 것이 좋은 본보기가 된다는 것을 깨달아야 한다.

여덟 가지 요소 중 '계획하기', '정확한 지식', '협력'은 여성들이 자신의 자연스러운 천성을 지렛대로 활용할 수 있는 기회를 넓혀준다. 여성들은 도움을 청하는 데 주저하지 않기 때문에 그녀들은 힘을 합쳐서 도움이 필요한 다른 사람들에게 지식을 나눠주고 지원하는 바람직한 계획을 만들어낼 수 있다. 게다가 여성들은 천성적으로 협력적이어서 다른 사람들과 쉽게 관계를 맺는다. 다른 사람들이 우리가 한 일을 좋아하는 것을 보면 인내하는 데 필요한 에너지와 열정, 끈기를 갖게 된다.

여성들이 남성들보다 더 감성적으로 행동하는 경향은 의지력과 습관에 긍정적인 영향도 미치지만, 부정적인 영향도 미친다. 그러나 인생 목표에 에너지를 집중하도록 감성과 에너지의 방향을 조절하고, 원하는 목표 달성에 필요한 행동을 반복적으로 취할 수 있는 여성은 성공할 가능성이 더 높다.

미셸 패터슨은 주위 모든 사람이 캘리포니아 여성 콘퍼런스 California Women's Conference를 취소해야 한다고 말했을 때, 미셸의 끈기로 콘퍼런스를 계속할 의지력을 발휘했다. 미셸은 큰 장애물을 맞닥뜨렸음에도 그녀의 꿈과 비전을 끈기 있게 추구했다.

"30년 전 설립된 이래 캘리포니아 여성 콘퍼런스는 전 세계 여성들이 모여서 서로 배우면서 성장할 수 있는 장을 마련해주고 있습니다. 이 콘퍼런스의 목적은 캘리포니아주 여성들의 사업 실패율을 낮추는 것이었습니다. 저는 그 콘퍼런스를 넘겨받아서 활성시키기로 결심했습니다. 제 팀을 구성하여 계획을 세우고 실행하기 시작했습니다. 그 당시 저는 열렬한 바람과 확실한 계획을 가지고 있었습니다.

그 다음 몇 달 동안 저는 수천 명의 참석자들을 모으고, 250개의 전시 회사들을 동참시켰으며, 150명 이상의 연설자들을 확보했습니다. 모든 것이 순조로운 듯했지만 행사 날이 가까워지자 계획대로 일이 진행되지 않았습니다.

저는 두 개의 큰 난관을 마주했습니다. 첫째는 기업 후원을 받기로 한 팀이 목표한 금액을 채우지 못했습니다. 심지어 목표치 근처에도 이르지 못했습니다. 두 번째는 콘퍼런스를 위해 조성하기로 했던 펀드가 목표치를 달성하지 못했습니다. 콘퍼런스 개최를 위한 비용 지급일이 다가왔을 때 180만 달러나 부족하다는 것을 깨달았습니다. 설상가상으로 개최일까지는 겨우 17일만 남은 상황이었습니다.

수개월 동안 여기에 모든 것을 쏟아부으면서 열심히 일했는데 사람들은 저한테 콘퍼런스를 포기하라고 말했습니다! 모든 노력에도 불구하고 실패하는 가장 공통적인 요인은 너무 빨리 포기한다는 것입니다. 인내심은 행동할 동기를 느끼지 못하는 경우에도 계속 실행하도록 해줍니다. 어떤 경우에도 당신이 앞으로 나아가도록 해줍니다.

바로 제가 그렇게 했습니다. 콘퍼런스를 개최하여 이 행사를 필요로 하는 수천 명의 여성들에게 자원을 공급하겠다는 확실한 목표를 갖고, 모든 난관에도 불구하고 콘퍼런스 준비를 계속해 나갔습니다. 포기하라는 숱한 말에도 불구하고 그저 최종 결과만 염두에 두고 그 계획을 밀고 나갔습니다. 제가 가진 모든 재산을 쏟아부었습니다.

제 팀과 힘을 합쳐 노력하여 마침내 180만 달러 적자를 15만 달러로 낮출 수 있었습니다. 인내심을 갖고 긍정적인 태도를 유지한 덕분에 저는 2012 캘리포니아 여성 콘퍼런스를 아주 성공적으로 개최할 수 있었습니다.

콘퍼런스 다음해에 좋은 일들이 아주 많이 일어나기 시작했습니다. 콘퍼런스에서 여성들에게 중요한 화제로 제기됐던 것들이 캘리포니아주는 물론이고 전국적으로 큰 반향을 불러일으켰습니다.

오늘날 우리의 새로운 재단인 여성네트워크재단Women Network Foundation이 이끄는 콘퍼런스에 대한 제 목표는 콘퍼런스에 열정과 야망을 불어넣고, 이를 전 세계적으로 확장하는 것입니다. 우리는 유엔 및 다른 주요 여성 그룹들과 파트너십을 맺음으로써 세상에 더 큰 영향력을 발휘할 수 있게 되었습니다. 그리고 이틀 동안 개최한 캘리포니아 여성 콘퍼런스에서 얻은 영감을 디지털 플랫폼을 통해 1년 내내 공유할 수 있게 되었습니다."

미셸의 이야기는 인내심을 보여줄 뿐만 아니라, 나폴레온 힐이 인내심을 키우기 위한 열쇠로 제시한 여덟 가지 요소들을 어떻게 활용했는지 보여주고 있다.

당신은 당신의 명확한 목표와 바람을 확실히 알고 있다고 생각할지도 모르겠다. 또한 당신은 당신의 성취에 대해 그려낼 수 있고, 그 성취에 이르기 위한 계획도 갖고 있다고 생각할지도 모르겠다. 그런데도 무엇이 당신을 망치고 있고, 왜 일이 잘 진행되지 않고 있는지 잘 모르고 있다. 당신이 인내심을 발휘할 수 없도록 만드는 부분이 무엇일까?

나폴레온 힐은 다음의 증상 때문에 인내심 결여가 생긴다고 말했다. 당신은 성취하는 데 마주칠 진짜 적을 여기서 발견하게 될 것이다.

1. 무엇을 원하는지 정확하게 정의하고 인식하는 데 실패함.
2. 핑계가 있든 없든 미루기. 대개 수많은 핑계를 댄다.
3. 특화된 지식을 획득하는 데 대한 흥미 부족.
4. 결정 미루기. 문제에 정면으로 부딪치는 대신 모든 경우에 책임을 전가하는 습관.
5. 문제를 해결하기 위해 명확한 계획을 세우는 대신 핑계를

대는 습관.

6. 자기만족. 이에 대해서는 개선책이 거의 없고, 자기만족에 빠진 사람에게는 희망이 없다.

7. 무관심은 일반적으로 반대 의견에 대항하지 않고 모든 일을 타협적으로 대하려는 경향을 보여준다.

8. 다른 사람의 실수를 비난하고, 불리한 상황을 피할 수 없다고 생각하는 습관.

9. 약한 욕구. 행동을 유발하는 동기를 약화시킨다.

10. 패배할 것 같은 첫 신호가 나타났을 때 포기하고자 하는 의도.

11. 분석할 수 있도록 작성된 조직적인 계획의 결여.

12. 아이디어나 기회가 나타났을 때 그 아이디어를 실행하고 기회를 잡는 것을 소홀히 하는 습관.

13. 이루어질 거라고 바라는WILLING 대신 불가능한 일을 바라는WISHING 것.

14. 부자가 되길 목표로 하는 대신 가난함에 타협하는 습관. 무엇이 되거나, 무엇을 하거나, 무엇을 소유하려는 욕망이 없는 것.

15. 부자가 되는 지름길만 찾고, 주지 않고 받으려고만 하는 심보를 가짐. 이런 심보는 노름꾼들이 가진 일반적인 속성이다.

16. 비난받는 것에 대한 두려움. 이로 인해 계획을 세우고 실행으로 옮기는 데 실패함. 왜냐하면 다른 사람들이 어떻게

생각하고, 행동하고, 말하는지에 너무 많은 신경을 쓰기 때문이다. 이 요인은 겉으로 드러나지 않는 잠재의식 속에 존재한다.

인내심에 방해되는 이런 요인들을 살펴보면서 이 중 어떤 것이 당신의 삶에 영향을 주고 있는지 자문해 보라. 모든 장애물을 똑바로 파악하는 여성은 두려움을 느끼며 이에 굴복한 여성보다 훨씬 더 용기 있다. 인내심이라는 단어에 엄청나게 함축된 의미는 없을지도 모른다. 하지만 탄소가 철의 특성에 영향을 주듯이 인내심은 사람의 특성에 영향을 준다. 나폴레온 힐은 인내심을 키우는 추진력을 얻기 위해 다음과 같은 조언을 하고 있다.

"당신은 감성적 타성에서 벗어날 필요가 있다. 처음에는 천천히 움직이다가 당신의 뜻에 따라 완벽하게 조정할 수 있을 정도까지 속도를 높여라. 처음에는 얼마나 천천히 움직여야 하느냐에 상관하지 말고 인내심을 가져라. 인내심을 가지면 성공이 다가올 것이다."

나폴레온 힐이 처음에는 천천히 출발했다가 속도를 높이라고 말한 것에 주의하라. 이 말은 시작할 때 한 걸음, 더 전진하기 위해 또 한 걸음, 그리고 나서 또 한 걸음, 성공하기 위한 환경이 조성될 때까지 기다리지 말고 나아가라는 의미다.

여성정보네트워크^{Women's Information Network}의 설립자인 파울라 펠링험은 인내심이 어떻게 여성들의 전 지구적 네트워크를 만드는 데 도움을 주었는지 뿐만 아니라, 인내심을 활용한 여성들이 그들 자신과 가족들의 성공을 어떻게 이루어냈는지에 대해 다음과 같이 설명하고 있다.

"저는 지금이 역사상 여성에게 가장 위대한 시점이라고 믿고 있습니다. 바로 지금 전 세계 여성들이 깨어나 일어서고 일찍이 경험해보지 못했던 것 이상으로 더 멀리 나아가고 더 빠르게 움직이고 있습니다.

그렇습니다. 전 세계 여성들이 어깨를 활짝 펴고, 머리를 꼿꼿이 세우고, 지금이 바로 우리 여성의 시대라고 깨우치고 있습니다. 인류가 이런 현상을 지켜보고 있고, 일부 사람들은 염려하고 있지만, 대부분은 환호를 보내고 있습니다.

저는 여성 진보의 물결에 가장 강력하게 기여한 것이 여성들의 인내심이라고 생각합니다. 사실 오늘날 전 지구적 여성 운동에 참여한 많은 여성이 이러한 가치를 구현하고 있습니다. 그녀들은 그들의 삶과 비즈니스의 성공에 인내심이 중요한 열쇠라고 말합니다.

여성정보네트워크의 설립자로서 많은 나라의 여성들을 만났을 때 인내심이 행동하는 데 매우 중요하게 작용한다는 것을 체험했습니다. 그에 대한 주목할 만한 롤 모델로 에델 퀸을 꼽을 수 있습니다.

에델 퀸은 케냐 나이로비의 키베라 빈민가에서 지칠 줄 모르고 일하고 있습니다. 에델은 그곳 여성들에게 소규모 비즈니스를 어떻게 시작하는지 가르쳐서, 그녀들이 빈민가를 떠나 자녀들에게 더 나은 삶을 제공할 수 있도록 돕고 있습니다.

어느 비 오는 날 오후에 저는 에델과 함께 빈민가를 따라 걷다가 거기에 있는 여성들과 얘기를 나누게 되었습니다. 저는 그들의 긍정적인 태도와 정신적인 강인함에 깊은 감명을 받았습니다. 제가 만난 여성들은 활기 넘쳤고, 희망적이었고, 그들의 열악한 환경에서 자신과 가족들이 벗어나도록 집요한 끈기를 보였습니다. 키베라의 여성들은 인내심의 정의를 확고하게 간직하고 있었는데 그것은 '장애물에도 불구하고 꾸준하게 지속하는 것'이었습니다."

나폴레온 힐은 "인내심을 대체할 것은 없다! 인내심은 다른 어떤 특성으로도 대체될 수 없다!"라고 강조했다. 21세기를 함께 살아가는 여성으로서 우리의 발전을 즐겁게 축하하고 도움이 필요한 다른 여성들을 기꺼이 돕자. 우리는 무슨 일이든 간에 선한 일을 매일 꾸준하게 해야 한다.

여자를 위한 생각하라! 그러면 부자가 되리라

당신은 집요하다거나, 끈덕지다거나, 끈질기다거나, 단호하다는 말을 들어본 적이 있는가? 이 모든 수식어는 인내심이 있다는 것과 유사한 말이다.

나는 내가 항상 인내심이 있다는 것을 인정한다. 어린 시절 나는 나에게 주어진 모든 숙제에서 올바르고 완벽한 정답을 찾아야만 했다. 고등학교와 대학교에서 나는 가능한 한 완벽한 과제물을 만들기 위해 잠도 제대로 자지 않았다. 이런 습관은 직장 생활에서도 이어졌다. 어떤 경우에는 아주 극단적인 형태로 나는 내가 쓰는 모든 책들을 탈고하는 데 아주 어려운 시간을 보냈다. 왜냐하면 구상한 원고를 조사할 때 더 많은 것들을 계속해서 추가하길 원했기 때문이다. 그래서 책의 원고 마감을 강제로 지키기 위해 스스로에게 마감 시간을 부여하는 방법을 배웠다.

일단 책이 완성되고 나면 그 책을 적절하게 홍보하기 위해 진정한 인내심이 요구되었다. 대부분의 저자들은 '일단 써라. 그러면 팔릴 것이다'라는 태도를 지니다가, 책이 많이 팔리지 않으면 매우 실망한다. 성공한 저자들은 자신이 가장 최고의 마케팅 도구라는 것을 안다. 부지런히 홍보하고, 지속적으로 미디어에 노출하고, 이벤트를 계획하고, 뉴스에 퍼지도록 소셜 미디어에도 투자하며, 책이 성공하도록 끈덕지게 홍보해야만 한다.

《부자 아빠 가난한 아빠》는 뉴욕타임스 베스트셀러에 7년 이상 올라있었다. 우리는 그 책을 경지에 올리기 위해 3년이나 노력했다. 나는 주문에 맞추기 위해 매일 부엌 식탁에서 책을 포장해서 우체국으로 갔다. 우체국에서 더는 이처럼 많은 양의 책을 보낼 수 없다고 말했을 때 대책을 찾다가 책을 포장할 수 있는 물류포장센터를 이용하기도 했다.

끝이 없는 홍보와 우리 메시지를 퍼뜨리기 위해 무엇이든지 한 이후 3년이 지나서야 책이 베스트셀러에 오르게 된 것이다. 그건 대형 출판사가 우리와 계약을 맺은 때였다. 그 출판사는 처음에 우리가 책 출간을 제안했을 때는 별 흥미를 보이지 않다가 일단 성공한 것을 보고는 다시 발길을 돌린 것이었다.

나는 지난 20년 넘는 세월 동안 책 출간 노력과 더불어 금융 교육을 학교 교육과정에 포함시키려고 열정적으로 노력했다. 그건 관료적인 태도로 가득 찬 기득권과의 매우 힘든 싸움이었다. 조금의 변화도 용납하지 않는 사람들은 물론, 하루하루의 문제에 파묻혀 과로에 시달리는 학교 행정 담당자들은 우리 제안에 귀를 기울이려고 하지 않았다. 하지만 애리조나주 주지사가 고등학생들이 졸업할 때 개인 재정관리에 대한 과목을 이수해야 한다는 내용을 담은 법안에 서명함으로써 우리는 첫 번째 승리를 거두었다.

나는 그 당시 '당신의 재정 마스터하기, 실생활에서의 재정관리 능력'이라는 대학 교과과정 작성을 완료한 상태였다. 우리의 희망은 이 교과과정을 바탕으로 대학생들이 엄청난 학자금 부채에서 벗어나도록 돕고, 그들이 직면한 재정적 미래에 보다 잘 대비하도록 돕는 것이었다. 우리의 임무는 우리가 제안한 과목이 아주 중요하기에 학생들이 그 과목을 들을 수 있도록 대학 행정가들을 설득하는 것이었다. 이 작업은 굉장한 인내심을 요구했다.

오늘날 어떤 사람이 나한테 고집스럽다고 말하면, 나는 미소 지으면서 말한다. "고맙습니다. 예, 저는 고집스럽습니다!"

• 인내심에 대한 조언 •

에스티 로더
에스티로더사의 공동 창립자

"더 나아갈 수 없다는 생각이 들면 저는 계속 나아가도록 제 자신을 닦달합니다. 제 성공은 운이 아니라 인내심에서 나왔습니다."

돌리 파튼
미국 컨트리 음악 싱어송라이터, 배우, 작가, 문맹퇴치 운동가

"저는 길을 찾습니다. 만약 당신이 무지개를 원한다면 비가 내릴 때까지 기다려야 합니다. 우리는 바람의 방향을 바꿀 수는 없지만, 배의 돛을 조정할 수는 있습니다. 태풍이 있음으로 나무의 뿌리가 깊어지는 법입니다."

친밍 추

중국계 미국인 비즈니스 컨설턴트, 아시아와 태평양 지역의 베스트셀러 작가

"위기를 견뎌내는 힘이 없다면 내면에 숨어있는 기회를 알아볼 수 없습니다. 기회가 스스로 모습을 드러낼 때까지 인내심을 갖고 기다리는 과정이 필요합니다."

리첼 굿리치

미국 작가

"정말로 불가능한 일이 있을까요? 아니면 우리 목표가 너무 희미해서 길을 따라가지 못하는 것은 아닐까요? 당신이 정말 열심히 찾고, 정말 열심히 기도한다면, 결코 닿지 못할 것이라 생각했던 목표에 이르는 길을 우연히 발견할 수 있을 것입니다."

• 스스로에게 물어보기 •

이번 장을 읽으면서 당신의 실행 단계를 파악하고, "아하"라는 감탄사를 자아내고, 성공 성취를 위한 당신의 계획을 만들어내는 데 일지 쓰기를 활용하라!

나는 인내심이 있는가?

만약 당신이 이 질문에 확실히 답할 수 없다면 인내심에 필수적인 여덟 가지 요소들과 나폴레온 힐의 인내심 결여 현상을 다시 살펴보아라. 그리고 그중에서 당신에게 적용 가능한 것들을 골라 보아라.

인내심의 수준을 결정하기 위한 추가적인 도움을 받기 위해 다음과 같은 질문을 던져보라.

1. 사람들이 당신에게 '싸움꾼의 기질'을 가졌다고 말하는가?
2. 압박감을 느꼈을 때 맞서 일어서는 편인가, 아니면 압도되는 편인가?
3. 부정적인 감정을 극복하는 도구를 가지고 있는가?
4. 당신의 혼잣말은 당신이 성공할 수 있다고 자신을 격려하고 확신을 주는 편인가? 아니면 부정적인 혼잣말을 하는 편인가?
5. 기회가 당신에게 오기를 기다리는 편인가, 아니면 도망치는 편인가?

나폴레온 힐은 다음의 네 단계를 인내심을 기르는 지침으로 제시하고 있다.

인내하는 습관을 기르는 네 가지 간단한 단계가 있다. 이 단계를 위해서는 지식이 많을 필요도 없고, 특별한 교육을 받을 필요도 없다. 다만 조금의 시간과 지식만 투자하면 된다. 필요한 단계는 다음과 같다.

1. 간절한 바람으로 뒷받침되는 명확한 목표.
2. 일련의 행동을 수반하는 확실한 계획.
3. 친척, 친구, 지인들의 부정적인 의견을 포함하여 모든 부정적이고 맥빠지게 하는 것을 확실하게 차단하는 마음.
4. 계획과 목표를 함께 하면서 나를 전적으로 응원해주는 한 사람 이상의 우군.

여자를 위한 생각하라! 그러면 부자가 되리라

9장

협동심

협동심은 명확한 목표 달성을 위해
둘 이상의 사람들이 지식과 노력을 조화시키는 것이다.
자신을 협동 정신으로 무장하라. 그게 당신의 추진력이다.

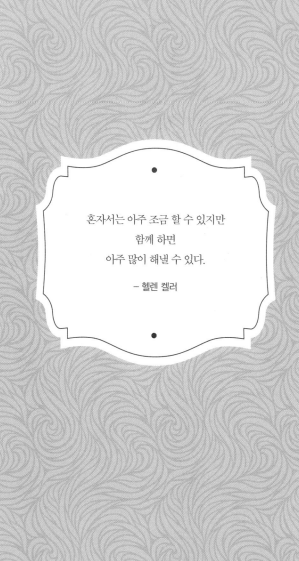

혼자서는 아주 조금 할 수 있지만
함께 하면
아주 많이 해낼 수 있다.

– 헬렌 켈러

당신은 "백지장도 맞들면 낫다."라는 말을 들어봤을 것이다. 이 말이 오늘날처럼 잘 들어맞은 적이 없을 것이다. 비즈니스 세계가 변하고 있다. 수년 동안 비즈니스 세계는 격렬한 경쟁 구도 속에 있으며 승-패의 논리가 적용되는 환경이 조성되었다. 고맙게도 지금은 비즈니스에서 협력과 제휴가 상생의 플랫폼을 만들어가는 전환기를 맞이하고 있다.

나폴레온 힐은 1900년대 초에 협동심에 대해 처음 썼다. 그는 협동심을 팀 구성원들의 생각이 합쳐져서 나오는 혜택에서 생성된 힘이라고 기술했다. 즉 협동심은 명확한 목표 달성을 위해 둘 이상의 사람들이 영적으로 조화를 이루면서 지식과 노력을 조화시키는 것이다.

나폴레온 힐은 협동심에는 두 가지 확실한 이점이 있다고 말한다. 첫 번째는 공동의 노력을 통해 얻은 결과에서 발생한 분명한 경제적 이점이다. 당신은 경험, 교육, 타고난 재능, 다른 사람들의 상상력에서 오는 이점을 당신의 안에 모을 수 있다. 이런 형태의 협력적 동맹은 위대한 행운의 토대가 된다. 두 번째로 그룹 노력의 영적인 이점에 대해 다음과 같이 기술하고 있다. "세 번째 마음으로 비유되는 제3의 보이지 않는 무형의 힘을 만들어내지 않고는 두 마음이 합쳐지는 일이 없었다." 영적인 조화가 그룹 내 각 구성원들이 활용할 수 있는 에너지를 증가시킨다. 나폴레온 힐은 이것을 협동심의 초자연적 단계라고 말한다.

'전체는 부분의 합보다 크다'는 말은 이런 영적인 요소를 나타낸다. 당신은 팀 프로젝트에 참여했을 때 서로 간의 협업이 에너지를 더 키워서 그 프로젝트에 재미를 더했던 것을 기억할 수 있는가?

지금은 그 반대도 성립한다. 당신이 부조화를 이룬 그룹에 참여했을 때 부정적인 에너지가 증가하면서 갈등과 욕구 불만이 표출될지도 모른다. 그로 인해 그룹의 명확한 목표를 이루는 것이 훨씬 더 어려워질 수도 있다. 이런 현상은 특히 리더가 협동이 아닌 독재적 리더십을 발휘할 때 더욱 심해진다. 왜냐하면 독재적 리더십은 그룹의 창조 능력과 창의력을 현저히 낮추기 때문이다.

일반적으로 여성들이 남성들보다 그룹으로 일하는 것을 더 선호한다. 하버드 출신 심리요법 의사인 캐서린 크로울리와 경영 컨설턴트인 캐시 엘스터는 《일하는 못된 여자Mean Girls at Work: How to Stay Professional When Things Get Personal》라는 책을 썼다. 이 책에서 그녀들은 직장에서의 여성의 집단 따돌림에 초점을 맞추면서 얼마나 많은 여성 리더들이 아직도 다른 여성들의 성공을 돕지 않는지를 설명하고 있다.

또한 캐서린과 캐시는 일하는 환경 안에서 남성들과 여성들의 차이점을 피력하고 있다. 그들 생각을 요약하자면 "남성들은 전투 영역에서 왔고, 여성들은 지원단에서 왔다."이다.

"대부분의 여성은 팀의 일원이 되어 다른 사람들과 연결되고 성공적인 결과를 얻고 싶어서 회사에 들어갑니다. 그래서 여성들은 협력자들, 고객들, 판매원들을 친구로 대합니다. 한편 남성들은 직장 생활이 경쟁의 일환이라고 생각합니다."

언스트앤영 Ernst & Young사의 조사 결과, 90% 여성 사업가들이 비즈니스 문제를 해결하려고 할 때 가장 먼저 팀을 구성한다고 한다. 게다가 조사 대상 여성들의 82%가 원활한 팀 구성이 비즈니스 목표 달성의 핵심이라고 말했다. 하지만 이 조사는 연간 매출액이 2억5천만 달러 이상 되는 큰 기업의 여성 임원들을 대상으로 한 것이다. 따라서 작은 중소기업에 근무하거나 자신의 사업체를 갖고 있는 경우, 아니면 개인적인 삶에서 생긴 문제를 해결하려고 할 경우에 팀 동료들이나 지원 그룹을 어떻게 구성할 수 있겠는가? 개인적인 일일 경우 여성들은 주변의 친구들이나 주위의 지원 그룹을 찾는 경향이 있는데, 이는 모두 협동심이 있는 그룹이라고 할 수 있다. 그러나 비즈니스 문제 해결에 이런 지원이 필요한

지 대답하기 위해서는 여성들에게 교육과 멘토링, 개인 간 지원을 제공할 뿐만 아니라, 비즈니스에서 여성들을 위한 책임 모델을 확립하는 기관들이 전 세계적으로 설립되는 게 우선이다.

비즈니스 사업주들을 위한 그런 기관들 중 하나가 여성사장협회WPO, Women Presidents' Organization다. 이 협회는 마샤 파이어스톤 박사에 의해 개인 간 지원 그룹을 제공하여, 여성 사장들이 정기적으로 모여 서로 돕기 위해 설립되었다.

협동심: 그룹의 진수를 드러나게 한다.

WPO의 비즈니스 모델의 핵심인 협동심의 콘셉트는 개인 조언 그룹이다. 개인 조언 그룹의 목적은 여성 기업 사장들이 그들의 전문 지식, 경험, 교육 중 어떤 것이 도움이 되었고, 어떤 것이 도움이 안 되었는지 실시간으로 정확한 피드백을 주도록 하는 것이다. 이것은 스타트업 단계에서 한 단계 올라선 2단계 기업들의 리더들을 위해 특별히 설계되었으며 꾸준한 성장에 초점을 맞추고 있다. WPO에서 실행하는 배움 방법의 기본 전제는 조언을 주는 것 대신 경험을 공유하는 것에 초점을 맞춘다.

대략 20명의 여성 기업인으로 구성된 지부에서 WPO 회원들이 그들 비즈니스의 비공식 이사로서 원형 테이블에 앉아, 현재 비즈니스 관심사를 발표한다. 각 지부는 WPO의 4C, 즉 협력collaboration, 신뢰confidentiality, 약속commitment, 연결connection을 바탕으로 운영된다. 정해진 규칙은 없다. 다만 받은 만큼 되돌려주어야 한다는 것이 원칙이다.

이 협회는 회원들의 성장을 촉진하고, 다음 단계로 나아가도록 하고, 경제적 안정성을 높이는 것이 목표다. 회원들은 서로 돕고, 자신들의 전문 지식을 공유한다. 회원들은 최소 백만 달러 수준의 사업을 가진 기업인들이다. 모든 구성원들은 경쟁하지 않는 동료다. 왜냐하면 모두 비슷한 문제들에 직면해 봤기 때문에 서로의 입장을 잘 알기 때문이다.

이들은 어떤 문제로 다른 구성원에게 도움을 받아 본 사람과 같은 문제를 겪고 있는 사람들을 함께 앉히는데, 이를 라운드테이블이라고 한다. 라운드테이블 과정에서는 실용성과 무형의 결과까지 두 마리 토끼를 잡을 수 있다.

여성들은 자존감이 부족한 경향이 있다. 연구결과를 보면 열한 살부터 소녀들은 자기비판적인 생각들에 사로잡히기 시작한다. WPO 지부들은 여성들이 이런 자존감 부족에서 벗어나서 비즈니스 전략을 실현할 수 있도록 돕는 역할을 한다.

WPO의 동료 자문 그룹들은 여성 기업인들이 세운 전략과 기획이 가치가 있는지 판단하는 데 필요한 도움을 제공한다. 덕분에 여성 기업인들은 가족이나 회사 동료들과 의논할 수 없던 문제들을 이야기하는 것만으로도 스트레스를 해소할 수 있게 된다.

수백만 달러 매출을 내는 기업의 여성 사장들은 매일 사업적 도전에 직면하고 있다. 가장 윗자리에 있으면 외로울 수밖에 없다. 친밀한 WPO 지부 모임을 통해 회원들은 직업적인 것은 물론, 개인적 성공에도 영향을 미치는 여러 가지 문제들을 해결해 나간다. 이 모임이야말로 우리 여성들이 연결되고, 배우고, 변화하는 장소다.

직장생활을 하는 여성들과 여성 기업인들에게 교육, 멘토링, 네트워킹 기회를 제공하는 기관들이 많다. 우선 당신에게 필요한 기관을 찾아 가입하라. 물론 그 기관은 당신의 협동심에 가장 잘 맞는 다른 여성들과 당신을 연결시켜줄 수 있어야 한다.

· 협동심 실천하기 ·

공통된 목표를 위해 모든 구성원이 협동하는 팀에서 일하는 것은 엄청난 행운이다. 열정과 헌신을 공유하는 분위기에서는 에너지를 충전하고, 아이디어들이 저절로 흘러나오게 된다.

반면 구성원들이 서로 아이디어를 숨기는 팀에서 일하는 것은 최악이라고 말할 수 있다. 회사 내에서는 부정적인 분위기가 흐르고 팀원들은 쓸모없는 노력만 주구장창 하게 된다.

나는 대부분 아주 좋은 팀에서 일하는 축복을 받았다. 물론 별로 좋지 않은 팀에서 일하는 불행도 맛보았다.

1990년대 후반 나는 WPO에 합류하는 선물을 받았다. 서로 상담해주고, 서로의 성공을 축하해주는 것이 공통 목표인 여성 그룹을 찾아낸 것은 가치를 매길 수 없을 정도로 소중한 것이었다. WPO 회원들은 모두 자신들의 성공을 이룩했는데도 경력 위기에 처해 있는 다른 여성들에게 도움을 주는 자문 역할을 해주었다.

친한 친구들 대부분이 WPO 지부에서 사귄 사람들이다. 우리는 비즈니스와 개인적인 삶 등 모든 방면에서 함께 성장했다. 우리는 책임감을 가지고 서로를 도왔다. 우리가 형성한 유대의 끈은 서로에게 매우 깊고 소중한 것이다.

여성 기업인들에게 연설하기 위해 세계를 여행하다 보면 나의 메시지가 시의적절하고, 의미 있다는 것을 확신하게 된다. 협동심의 힘에 대해 말할 때 '1+1=2'라는 공식을 종종 인용하곤 하는데 서로에게 도움이 되는 여성들끼리 협동하고 브레인스토밍을 한 결과, 나는 이 공식을 다시 고쳤다. '1+1=11'

나탈리 레드웰은 마인드무비스$^{Mind\ Movies}$라는 회사를 창립하고, 곧 협동심의 긍정적이고 기하급수적인 힘을 알게 되었다.

"하나의 힘은 별 볼 일 없지만 그걸 10배로 곱하면 회오리바람과 큰 물결이 만들어져요. 그건 결코 멈출 수 없습니다. 도움을 받기 위해 가입할 수 있는 여러 네트워크들이 있습니다. 세상을 변화시킬 수 있는 훌륭한 아이디어가 이들의 도움을 받아 10배의 힘을 얻고, 그럼으로써 당신은 변화의 큰 물결을 만들어낼 수 있습니다."

나폴레온 힐도 남성과 여성 사이의 강력한 협동심에 대해 쓴 적이 있다. 그리고 가장 중요한 협동은 남편과 아내 사이에서 일어난다고 말했는데, 살아오면서 나는 그게 진실이라는 걸 확신하게 되었다.

나는 내 남편 마이클을 만난 게 행운이라고 생각한다. 우리는 생각이 너무 다르지만, 사업 문제를 풀기 위해 함께 머리를 맞대면 마법이 일어난다. 우리 집 식탁은 많은 비즈니스를 탄생시킨 장소인데, 동료들은 아직도 "지금 당장 너희 집 부엌으로 가야겠어."라고 농담할 정도다. 거기서 가진 회의를 통해 많은 비즈니스들이 폭발적으로 큰 성공을 향해 날아올랐다.

비즈니스는 팀 스포츠다. 협동심은 새로운 관점을 접하는 기회를 제공하고, 우리가 이미 가지고 있는 지식보다 대안적인 전문 지식을 활용하도록 해준다. 다만 팀이 적합한 사람들로 구성되어 있는지 확인하라!

· 협동심에 대한 조언 ·

데보라 바트맨
내셔널뱅크오브애리조나의 수석 부사장 겸 재산 전략 담당 이사

"여성이 다른 여성을 도울 때 완전한 원을 이루는 아름다움을 실현할 수 있습니다. 열린 자세로 여성들에게 도움을 주면 그에 대한 대가로 돌아오는 선물이 아주 많습니다. 그 선물에서 여성들은 우리의 가치를 알게 되고 우리의 목적을 발견하게 됩니다."

여자를 위한 생각하라! 그러면 부자가 되리라

멀리사 로젠버그

미국의 극작가이자 할리우드여성작가동맹의 공동 설립자

"당신이 그 방에서 가장 똑똑한 사람인지 여부는 아무런 상관이 없습니다. 만약 사람들이 당신 주위에 모이길 원하지 않는다면 당신은 결코 멀리 나아갈 수 없습니다. 뒤에 있는 사람들을 돕길 좋아하십시오. 저는 젊은 여성 극작가들의 멘토가 되는 역할을 진지하게 수행하고 있습니다."

엘리자베스 2세

영국 여왕

"저는 성공하기 위한 단 하나의 공식도 모릅니다. 하지만 수년간 제가 관찰한 바에 따르면 리더십의 특성은 사람들의 노력, 재능, 직관, 열정, 영감을 한데 모아 함께 일하도록 사람들을 격려하는 것입니다."

조셉핀 그로스 박사

네트워킹타임스Networking Times 공동 설립자이자 편집장

"천국에는 다른 여성들을 도운 여성들을 위한 특별한 장소가 있습니다. 이곳은 꿈과 협력, 멘토십, 전 세계적인 자매애를 축하하는 자리입니다. 여성들이 서로 지원하면 그에 대한 보상은 세대를 초월해서 나타납니다. 다른 여성들을 돕는 여성들은 가족이 번창하고, 마을이 번영하며, 세상이 더 나아지도록 만듭니다."

머리사 마이어

야후의 사장 겸 최고 경영자

"저는 항상 조금 덜 준비되더라고 일단 일을 시작합니다. 그게 성장하는 방법이라고 생각합니다. '와, 나는 이걸 정말 할 수 있을 거란 확신이 없어'라는 생각이 드는 순간에, 그걸 박차고 나서면 그때가 바로 당신이 도약하는 순간이 됩니다."

마저리 크라우스

에이피시오 월드와이드APCO Worldwide의 창립자이자 최고 경영자

"어떤 직업이든 관계없이 성공하는 데 필요한 핵심은 자신을 매우 잘 파악하고 당신의 강점을 활용하는 것입니다. 자신의 차별화된 능력에 확신을 갖고 당신 주위로 강하고 경험 많은 사람들이 몰려오게 하십시오. 우물쭈물하지 마세요. 새로운 일에 도전하는 것을 두려워하지도 말고요. 일한다는 것은 계속 배워나간다는 것을 의미합니다. 당신이 어떤 일을 하든지 간에 그 일을 열정을 갖고 똑똑하고 활력 넘치게 하세요. 그러고 나면 그 결과가 어떻게 될지는 걱정하지 마세요."

김선욱

이화여자대학교 총장

"이화여자대학교는 새로운 변화에 문을 활짝 열고 국제적 수준의 교육과 연구를 하도록 지원하는 기관을 만들 것입니다.

여자를 위한 생각하라! 그러면 부자가 되리라

이를 통해 페미니즘의 새로운 가치에 기반을 둔 미래의 패러다임을 찾고, 실험과 도전의 모험적인 미래로 두려움 없이 뛰어들고, 우리 시대를 위한 대학의 새로운 사회적 책임을 정의하고 실행해 나갈 것입니다."

제키 울머

"《생각하라! 그러면 부자가 되리라》에서 제가 가장 좋아하는 원리는 협동심의 원리입니다. 여성들은 협력할 때 강점을 발휘합니다. 우리 여성들은 어떻게 경청하고, 좋은 질문을 하고, 필요할 때 아이디어를 내놓고, 서로 지원하고 희망을 주는지를 압니다. 이런 중요한 성공 요인은 여성들이 함께 모일 때 밝게 드러납니다."

에밀리 킴브라우

미국의 작가이자 기자

"우리 모두가 휘청거리면 우리 각자도 휘청거린다는 사실을 기억하십시오. 그게 바로 우리가 손을 잡고 함께 걸어가는 게 나은 이유입니다."

이번 장을 읽으면서 당신의 실행 단계를 파악하고, "아하"라는 감탄사를 자아내고, 성공 성취를 위한 당신의 계획을 만들어내는 데 일지 쓰기를 활용하라!

당신의 일지에 다음 질문에 대한 답을 적어라.

1. 체계적으로 어떤 목적을 성취할 수 있는가?
2. 마지막 모임을 가진 것이 언제인가?
3. 다른 그룹들에 속해 있는가?
4. 다음 단계의 성공을 도와줄 기관에 가입하는 것을 고려하는가? 어떤 기관이 가장 마음에 드는가?
5. 다음 달 모임에 참석하겠다는 약속을 할 것인가?

아마도 당신은 협동할 팀을 만들겠다고 결심했을 것이다. 함께할 동료로 생각되는 사람들의 목록을 만들어라.

그리고 그들이 어떤 전문 지식을 갖고 있는지 파악하라.

당신의 협동 그룹은 당신이 되고 싶은 여성들을 나타내고 있는가? 그들 각자는 다양한 기술을 갖고 있는가?

새로운 협동 그룹을 만드는 단계.

1. 자신을 극복하라. 많은 사람들이 도움이 필요하다는 것을 인정하

길 두려워한다.

2. 당신이 성취하길 원하는 것에 대해 세밀하게 파악하라.

3. 그룹의 이름을 정하라. 그로 인해 더 실감하게 된다.

4. 모임 날짜를 정하라.

5. 대면, 전화, 온라인 중 어떤 형태로 만날 것인가?

6. 회비를 내도록 할 것인가?

7. 목표를 달성하도록 돕겠다고 약속할 사람들에게 참여하라고 초청하라.

8. 그들의 헌신에 존경을 표하라. 당신은 어떻게 화답할 수 있는가?

9. 감사를 표현하기 위해 약간의 오락 거리를 포함하라.

10. 경청하고 이끌어라. 팀원들에게 모임 공지를 해서 준비하도록 하는 리더 역할을 수행하라. 의견을 경청함으로써 팀원들이 그들의 아이디어에 이바지할 수 있도록 하라.

11. 참석자들이 그룹에 가져다주는 에너지, 헌신, 열기의 시너지를 즐겨라.

하나의 힘은 별 볼 일 없지만

그걸 10배로 곱하면 회오리바람과 큰 물결이 만들어져요.

그건 결코 멈출 수 없습니다.

세상을 변화시킬 수 있는 훌륭한 아이디어가

이들의 도움을 받아 10배의 힘을 얻고,

그럼으로써 당신은 변화의 큰 물결을

만들어낼 수 있습니다.

성적 에너지 전환

성적인 에너지를 성공을 위한 활력소로 바꿀 수 있다.
강력한 성적 에너지의 방향을 바꾸면
직업적 그리고 재정적 성공 확률이 높아진다.

전 세계가 심지어 섹스 스타로서
당신을 아는 것이
전혀 알려지지 않은 것보다 낫다.

– 마릴린 먼로

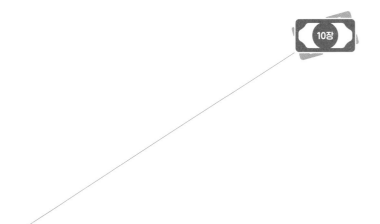

성적 에너지 전환이란 무얼 의미할까? 다른 여성들은 이 단어를 보고 사이비 종교처럼 느껴진다면서 어떻게 이 책《여자를 위한 생각하라! 그러면 부자가 되리라》에 포함시킬 생각을 했느냐고 물었다. 그래서 나는 그들에게 다음과 같이 되물었다.

- 성적으로 더 돋보인다는 이유로 당신이 입을 옷을 선택한 적이 있는가?
- 어떤 매력적인 사람을 곁눈질로 바라본 적이 있는가?
- 어떤 사람에게 추파를 던지거나 치근거려 본 적이 있는가?
- 어떤 사람과 악수를 할 때, 친근감의 표시로 그 사람의 어깨나 손을 가볍게 만진 적이 있는가?
- 미소를 지으면서 "아니오."라고 거절한 적이 있는가?
- 거울을 지나갈 때 당신 모습을 쳐다본 적이 있는가?

만약 당신이 이 질문들 중 어느 하나라도 "예."라고 대답했다면, 당신은 성적 매력의 힘을 이해하고 있는 것이다. 나폴레온 힐은 "성적 욕구가 인간의 욕구 중 가장 강력하다."고 말했다. 성적 에너지 전환이라는 의미는 성적 에너지를 단순한 성적 표현에서 상상력, 용기, 또는 생각의 예리함을 높이는 것으로 전환하는 것이다.

나폴레온 힐은 매력적인 인격을 갖추는 데 중요한 21가지 요소들을 학습함으로써 당신의 인격을 향상시킬 수 있다고 말한다.

1. 좋은 쇼맨십: 대중들의 입맛을 충족시킬 기술을 알아내서 적용하라.
2. 자기 내부의 조화: 자신의 마음을 통제하라.
3. 원활한 인간관계: 다른 사람들과 조화로운 관계를 확실하게 개발하라.
4. 적합한 복장: 첫 인상이 지속된다.
5. 점잖은 자세와 태도: 자세에 빈틈이 없다는 것은 두뇌에도 빈틈이 없다는 것을 보여준다.
6. 목소리: 어조, 억양, 고저, 감정적 음색이 유쾌한 인간성에 중요한 요소로 작용한다.
7. 목표의 진지성: 다른 사람들과 신뢰를 쌓는다.
8. 언어 선택: 비속어나 욕설을 피하라.
9. 침착함: 침착함은 자신감과 자제력에서 나온다.
10. 유머: 가장 중요한 특성 중 하나다.

11. 이기적이지 않기: 아무도 이기적인 사람을 좋아하지 않는다.

12. 표정 관리: 당신의 기분과 생각을 보여준다.

13. 긍정적인 생각: 생각의 진동은 다른 사람들이 느낀다. 즐거운 생각을 하라.

14. 열정: 모든 직장인에게 필수다.

15. 건강한 몸: 건강이 안 좋은 사람은 매력이 없다.

16. 상상력: 상상력 발휘가 중요하다.

17. 눈치: 눈치가 없으면 대화가 느슨해지고, 표현이 거칠어진다.

18. 상식: 현재의 관심이나 삶의 심오한 문제 등 중요한 주제에 일반적인 지식을 갖는다.

19. 경청의 기술: 주의를 기울여서 경청하고, 다른 사람의 대화에 끼어들지 않는다.

20. 힘 있는 대화 기술: 들을 만한 가치가 있는 말을 모든 열정을 다해서 말한다.

21. 인간적인 매력: 통제된 성적 에너지를 갖는다.

위대한 리더십, 매력적인 인격이 되는 것은 성공적인 삶을 이루는 데 가장 확실한 방법이다. 레버렌드 카렌 루소는 콜롬비아 대학교에서 경영학 석사를 따고, 스피리츄얼리빙 센터 Centers for Spiritual Living에서 목사 임명을 받았다. 루소는 나폴레온 힐의 성적 에너지에 대한 철학과 성적 에너지가 성공 성취에 미치는 역할을 자세히 연구하고 다음과 같이 소개했다.

성적 에너지 전환의 신비

나폴레온 힐은 남성들이 성적 충동이 너무 강해서 육체적 성욕구를 남용함으로써 쌓아온 명예를 위험에 빠트린다고 문제를 제기했다. 그런 위험은 그들의 인격과 가족, 직업 등을 잃는 것을 의미한다. 나폴레온 힐의 주장은 이처럼 강력한 성적 에너지의 방향을 바꾸면 직업적 그리고 재정적 성공 확률이 높아진다는 것이다. 나폴레온 힐은 1900년대 초 수천 명에 이르는 특권층의 기혼 백인 남성들을 연구했다. 남성을 대상으로 한 연구였지만, 성적 에너지는 오늘날 여성들이 직면한 문제를 해결하는 데까지 확대될 수 있다. 성적 에너지에 대한 변화된 접근은 남성과 여성, 동성애자와 양성, 독신과 결혼, 독신주의와 왕성한 성생활 등도 포함하기 때문이다!

성적 에너지는 성공의 연료

나폴레온 힐은 통제할 수 없는 성 충동을 '억누를 수 없는 힘'이라고 말했다. 이 힘은 남성의 힘을 약화시킬 위험이 있다. 나폴레온 힐은 당시 이 문제에 대한 강력하면서도 도발적인 해결책을 제안했다. 그는 섹스, 사랑, 로맨스에 대한 욕망은 타고난 것이며 자연스러운 것이고, 성적 욕구는 영적 충동과 연결되어 있다는 점을 지적했다. "섹스, 사랑, 로맨스에 대한 강렬한 힘과 충동은 에너지다. 이러한 자연스럽고 타고난 충동의 가치를 인정할 때 우리는 번성한다."

성적 에너지는 남성들뿐만 아니라 여성들에게도 재정적인 추동력을 제공할 수 있다. 전 세계가 알고 있는 마돈나는 음악은 물론 자선 사업가로서의 이미지를 꾸준히 잡아가고 있으며, 미디어 업계에서 여성들의 롤 모델 역할을 한다는 칭송을 받는다. 마돈나는 오랜 세월에도 건재한 자신만의 세계적인 브랜드를 구축할 수 있었다. 성적 선정성으로 비난받긴 했지만, 그녀의 성적 에너지, 특히 여성으로서의 열정과 역할에 가치를 두고, 당당하게 표현할 수 있는 여성이기도 하다. 마돈나는 "아마도 모든 사람들이 저를 미친 색정광이라고 생각할 것입니다. 또 제가 만족할 줄 모르는 성적 욕구를 갖고 있다고 생각하겠지만, 제 취미는 사실 책을 읽는 것입니다."라고 말했다.

•

충족되지 않은 열정은 우리를 고갈시킨다

•

지난 십 년 동안 사회경제적, 비즈니스적, 직업적 배경이 모두 다른 전 세계에서 온 수천 명의 여성들의 정신적 멘토로서 여성들이 섹스, 사랑, 로맨스에서 충족되지 않으면 스스로 자신의 가치를 낮게 평가한다는 것을 발견했다. 낮은 자존심을 유발하는 일들은 수없이 많다. 섭식 장애, 알코올 중독, 과소비, 혼음, 사회적 위축 등. 성적인 면에서 양면적인 경험을 가진 여성들은 자신에게 좋은 감정을 느끼지 못한다. 모든 여성들 중 대략 90%가 그들 신체 외모 중 최소 한 군데를 바꾸기 원하는 반면 오로지 2%의 여성만이 자신이 아름답다고 생각한다. 사랑, 로맨스, 성적 열망에 있어서 여성들의 문제는 좌절감과 표현 부족이다. 자신이 갖지 않은 것을 동경하는 것은 활력 에너지를 고갈시킨다. "왜 그가 나에게 전화를 하지 않지?" 또는 "그가 나를 사랑하긴 하나?"라면서 방황할 때 정신적, 감성적, 심리적 자원을 잃는 것이다. 여성들은 자신의 욕구를 무시하면서 더 유용하고 성취감을 주는 일에 투자할 시간을 낭비하고 있다.

나폴레온 힐은 남성들이 그들의 욕구에 따라 좌지우지 되지 않는 의지력을 가질 필요가 있다고 주장한다. 여성들의 경우에는 남성들과는 정반대다. 여성들은 자신을 돌보는 것을 배울 필요가 있다. 또한 자신의 내적인 자아와 외적인 자아가 원하는 대로 보살펴주어야 할 필요가 있다. 그래야 섹스, 사랑, 로맨스 에너지가 건강하고, 활력 있고, 신체적으로, 정신적으로, 영적으로, 재정적으로 부유한 삶으로 바뀔 수 있다.

재정적·신체적 건강을 위한 시간, 에너지, 관심

여성들이 가치 있고, 연결되어 있다는 느낌을 갖기 위한 기본적인 방법은 영적 훈련이다. 여기에서 나아가 영적으로 또 재정적으로 부유한 삶을 추구하는 여성은 단순히 영적 훈련에 참여하는 것 이상의 일을 해야만 한다. 즉 체계적이고 효과적인 돈 관리 습관을 개발하는 데 시간, 에너지, 그리고 관심을 투자해야 한다. 돈에 대한 자기애는 기본적인 금융교육에서 시작된다. 모든 여성들은 어떻게 돈이 가정에서, 직장에서, 그리고 삶에서 들어가고 나가는지 파악할 필요가 있다. 당신은 돈과 세금, 투자금이 어떻게 흘러가고, 당신과 가정에 어떤 영향을 주는지 이해해야만 한다.

자립하여 자신에게 필요한 것을 스스로 공급하고, 스스로를 돌보고, 존중할 수 있는 것이 매우 중요하다. 삶의 즐거움을 누릴 수 있도록 건강하고 활기찬 몸을 유지하는 것을 포함해서, 삶 속에서 느끼는 만족감이 돈을 벌고, 감사해하고, 받을 줄 알고, 유지하고, 관리하는 여성의 능력을 향상시킨다.

함께 일하는 창조적 에너지

나폴레온 힐은 창조적 상상력도 언급했는데, 천재들이 어떻게 무한지성으로부터 영감을 받아 마음이 자극을 받고 열려서, 섹스, 사랑, 음악을 이용하여 작품들을 창조해내는지 이야기했다. 이것이 어떻게 모든 사람이 무언가를 창조하고, 어떻게 남성과 여성의 에너지가 함께 합쳐질 수 있는지를 보여주는 아름다운 예다.

모든 사람은 부의 창출을 위한 남성적 특성과 여성적 특성을 모두 갖고 있다. 남성적 특성은 목표, 집중, 명확성 등의 행동을 통해 만들어진다. 이런 특성은《생각하라! 그러면 부자가 되리라》에 많이 언급된 내용이다. 여성적 특성은 우리가 원하는 것을 가질 수 있다고 생각하는 능력을 인지하면서 부를 창출한다. 여성적 특성은 우아함, 감수성, 만족감, 그리고 가장 중요하게는 감사하는 능력을 들 수 있다.

여성들은 여성적 인식에 더하여 남성적 행동력을 적절하게 받아들임으로써 부를 쌓아가도록 할 필요가 있다. 인식과 행동을 동시에 활용함으로써 여성들은 자신이 가치 있으며, 잘 해내고 있다고 느끼게 된다. 만약 당신이 독신이라면 자신을 위한 즐거움, 가치, 부를 갖춘 풍요로운 삶을 만들어가도록 노력하라. 만약 당신이 결혼한 상태라면 부를 창출해 나갈 때 가정에서 또는 직장에서의 인간관계에 열정과 연결성을 포함하도록 하라. 삶에 더 많은 열정과 즐거움을 불어넣을수록 당신은 더 많은 결실을 거두게 될 것이다.

· 성적 에너지 전환 실천하기 ·

나는 극히 소수의 여성들만이 임원으로 있었던 70년대 후반에 직장생활을 시작했다. 부모님은 내가 마음먹은 것은 무엇이든지 이룰 수 있다고 가르쳐 주었지만, 나는 직장 생활하는 여성들이 생각보다 별로 환영받지 못한다는 것을 깨닫기 시작했다. '성적 차별'이라는 용어가 일반적이지 않던 그 시절 나와 내 여성 동료는 남성들과 동등한 승진 기회를 잡기 위해서 남성 동료들보다 더 열심히, 더 똑똑하게 일해야 한다는 사실을 깨달았다. 그게 바로 우리 여성들의 직장생활의 현실이었다. 여성이라는 것을 숨기기 위해 많은 이들이 바지 정장과 넥타이를 하고, 머리를 하나로 묶기까지 했다. 그건 정말 불합리한 일이었다.

따라서 나는 성적 에너지 전환을 생각할 때 우리가 남성처럼 보이려고 노력하던 그 당시를 생각하며 웃는다. 우리 네 사람이 공인 회계사 시험에 합격했을 때가 전환점이 되는 날이었다. 그때 우리는 보호막을 벗어던지고 우리 자신이 되기로 결정했다. 머리 모양을 내고, 비즈니스 복장으로 입을 치마를 사기 위해 쇼핑에 나섰다! 우리는 '여성으로의 커밍아웃' 파티를 열었고 그 효과는 폭발적이었다.

50세가 안 된 젊은 여성들에게는 이 이야기가 우스꽝스럽게 들릴지도 모른다. 하지만 그땐 정말 그랬다. 우리는 물론 우리가 멘토링한 후배들이 여성이면서 공인 회계사가 되도록 한 전환점이 바로 그때였다.

비록 나폴레온 힐이 비즈니스에서 남성우월주의가 판치던 1937년에 《생각하라! 그러면 부자가 되리라》를 썼지만, 그는 성적 감성의 힘을 인식하고 있었다. 나폴레온 힐은 "성적 감성은 현명하고 분별력 있게 사용될 때만 유용합니다. 성적 감성은 몸과 마음을 풍성하게 하는 대신 저하시키는 정도까지 오용될 수 있고, 종종 실제로 오용되기도 합니다."라고 경고했다.

비즈니스, 미디어, 영화 속에서 성이 오용되어서 잘못된 결과를 초래하는 것을 셀 수 없을 정도로 볼 수 있다. 섹스, 혹은 성적 에너지라는 주제는 많은 사람들이 언급하기 겁내고 불편해하는 주제다. 하지만 나폴레온 힐은 비즈니스의 미래를 위해 또 다른 탁월함을 보여주었다. 그는 "섹스가 생물학적인 반면, 사랑은 영적입니다. 사랑은 삶에서 가장 위대한 경험입니다. 사랑은 무한지성과 교감하도록 이끕니다. 사랑과 섹스의 감정이 서로 혼합되면 창조적 노력의 계단을 몇 단계 뛰어넘을 수도 있게 됩니다. 사랑, 섹스, 로맨스의 감정들은 성취, 즉 천재성을 발휘하도록 하는 데 필요한 삼각형의 세 변입니다. 자연은 이 세 가지 이외의 어떤 다른 힘으로도 천재를 창조해내지 않습니다."

나는 남성들이 사랑은 영적이고, 섹스는 생물학적이라고 생각한다고 믿고 있다. 또한 남성들은 여성들에 비해 이 둘을 더 쉽게 분리하는 경향이 있다. 나는 '성적 정복'이라는 용어가 남성들이 만들었다고 확신한다. 남성들이 천성적으로 경쟁에 뛰어난 특성을 갖고 있었기 때문에 산업화 시대에 잘 적응할 수 있었다. 반면 여성들은 사랑과 섹스가 복잡하게 뒤얽혀서, 삼각형을 완성하는 로맨스의 요소를 지속적으로 만들어내는 것으로 이해한다. 우리가 사랑, 섹스, 로맨스라는 세 가지 모두를 가졌을 때 나폴레온 힐이 정의한 천재성을 발휘하도록 하는 데 필요한 성취의 삼각형을 완성하게 된다. 성취의 삼각형을 이룰 때 일은 부담스럽지 않고, 사랑의 수고(자기가 사랑하는 사람을 기쁘게 하기 위해 하는 수고-옮긴이)가 된다.

비즈니스 환경이 치열한 경쟁에서 협력과 제휴의 환경으로 바뀌면서, 여성들이 가진 사랑의 능력과 역량이 위기에 잘 대처하고 성장하는 데 도움을 줄 것이다.

· 성적 에너지 전환에 대한 조언 ·

오드리 헵번
영국 배우, 패션 아이콘, 인도주의자

"섹스어필에는 몸 치수 이상의 무언가가 있습니다. 저는 제 여성다움을 증명하기 위해 침실이 필요하지 않습니다. 저는 나무에서 사과를 따거나 빗속에 서 있는 것만으로도 충분히 섹스어필할 수 있습니다."

소피아 로렌

이탈리아의 가장 유명하고 존경받는 배우

"저는 섹시함의 매력이 내면에서 온다고 생각합니다. 섹시함은 당신 안에 있지, 가슴이나 허벅지, 도톰한 입술과는 전혀 상관이 없습니다."

엘리자베스 길버트

《먹고 기도하고 사랑하라Eat, Pray, Love》의 저자

"저는 전에 백세가 다 된 부인을 만난 적이 있습니다. 그녀는 온 역사를 통틀어 인간이 던졌던 질문은 오직 두 가지인데, 그 중 하나가 '당신은 나를 얼마나 사랑합니까?'이라고 말해주었습니다."

코코 샤넬

프랑스의 패션 디자이너, 샤넬 브랜드 창시자

"잘 못 입으면 사람들이 당신의 옷에 주목하겠지만, 잘 입으면 사람들이 당신에게 주목할 것입니다."

• 스스로에게 물어보기 •

이번 장을 읽으면서 당신의 실행 단계를 파악하고, "아하"라는 감탄사를 자아내고, 성공 성취를 위한 당신의 계획을 만들어내는 데 일지 쓰기를 활용하라!

섹스 에너지에 대한 인식 부족과 불안정을 벗어버리고 완전한 통제로 전환하는 것은 누군가에게는 불편한 일인지도 모른다. 이 장을 읽은 후에도 당신이 아직까지 어떻게 출발해야 할지 확신하지 못하고 있다면 특별히 이 목표를 위한 롤 모델이나 협동 그룹을 찾는 것을 고려해 보라. 당신의 삶 속에서 성적 에너지를 전환하는 데 성공하여 그녀의 삶을 성공으로 이끈 사람을 당신은 알고 있는가? 나폴레온 힐은 매력적인 인간성을 향상시키기 위한 21가지 단계를 제시했다. 앞의 21단계 중 앞으로 30일 동안 향상시키기 원하는 항목 세 개를 선택해서 실천하라. 만약 어떻게 변화를 시작해야 할지 확신이 서지 않는다면 당신의 멘토에게 물어보라. 성적 에너지 전환의 중요한 정신적, 감성적 측면도 고려해야 하지만, 행동을 통해 성적 에너지를 전환하도록 해야 한다.

1. 당신의 삶을 반추하는 조용한 시간을 잠시 가져라. 언제 가장 편안함을 느꼈는가? 그 시간을 적어라. 언제 가장 자신감이 떨어진다고 느꼈는가? 그 시간을 적어라.

2. 이제 앞에 적은 두 개의 시간으로 돌아가서 당신은 고용되어 일하고 있었는가? 재정적으로 안정되어 있었는가? 육체적으로 건강했는가? 당신의 사랑은 어땠는가? 당신이 가장 자신감이 떨어졌다고 느꼈을 때, 21단계 중 어떤 요소가 부족했었는가?

3. 자신감이 가장 떨어졌을 때와 유사한 삶의 분야를 찾아보라. 당신 삶의 이런 분야들을 향상시키기 위해 오늘 당장 무슨 변화를 시작할 수 있는가?

4. 지금 당장 당신의 금융 지식과 건강에 대해 되짚어 보아라. 가족, 비즈니스 또는 포트폴리오에 대한 재정적인 검토를 할 시간표를 작성하라. 당신의 재정적 건전성을 향상시키기 위한 계획을 작성하고 실천하라. 그리고 다음 주에 자신을 위한 즐겁고 재미있는 일을 계획하라.

잠재의식

긍정적인 감정이 마음을 채우고
잠재의식에 영향을 미치도록 하는 것은 당신에게 달려있다.

우리는 말을 통제할 수 있고,
반복적인 말을 통해
잠재의식에 영향을 줄 수 있다.
그리고 이를 통해
상황을 통제할 수 있게 된다.

– 제인 폰다

당신은 어떤 일 또는 어떤 사람에게 과잉 반응을 보인 적이 있는가? 그러고 나서 "이런 반응은 어디서 온 거지? 내가 왜 그렇게 말했지? 왜 그런 행동을 했지?"라고 자문해 본 적이 있는가? 어딘가에 도착하고 나서, 왜 거기까지 운전하고 갔는지 기억나지 않는 경우가 있는가? 한밤중에 엄청난 아이디어가 떠오르면서 깨어난 적이 있는가? 또는 이전에는 기억해내지 못했던 그날 밤의 어떤 일들이 기억난 적이 있는가?

이런 모든 예들은 당신의 잠재의식이 통제되고 있고, 당신의 의식이 휴식을 취하고 있을 때 나타나는 현상이다. 잠재의식은 밤낮, 하루 24시간, 매주 7일 동안 항상 작동하고 있지만, 당신이 자고 있거나 명상을 하고 있는 등 의식하지 않고 있을 때 가장 잘 작동한다. 당신은 잠재의식을 완전히 통제할 수 없지만, 계획, 바람 그리고 목표 등을 잠재의식에 입력함으로써 영향을 줄 수 있다. 만약 그런 계획, 바람, 목표가 감정적이라면, 그 영향력은 더 커질 것이다.

잠재의식에 무슨 생각을 제공할지 선택함으로써 의식을 잠재의식의 문지기로 활용할 수 있다. 이게 바로 제3장 자기 암시에서 개인적인 사명선언서가 그렇게 중요했던 이유다. 나폴레온 힐의 13가지 원칙은 잠재의식에 도달해서 영향을 끼칠 수 있는 방법을 알려주고 있다. 예를 들어 만약 당신이 계속해서 돈 걱정에 사로잡혀 있고 돈과 가난에 대한 두려움과 걱정으로 가득 차 있다면, 그런 부정적인 생각이 당신의 잠재의식을 지배할 것이다. 하지만 만약 앞의 13가지 원리를 실천함으로써 당신의 생각을 풍요로움과 성공할 수 있다는 확신으로 바꾼다면, 당신의 잠재력을 긍정적인 결과를 내는 방향으로 재설정하게 될 것이다. 따라서 "당신이 생각하는 바대로 당신이 이룰 것이다."라는 말과 "당신이 상상하고 믿을 수 있다면, 성취할 수 있다."라는 나폴레온 힐의 핵심 문장은 진실이다.

나폴레온 힐은 긍정적인 감정이 됐든, 부정적인 감정이 됐든 한 가지 감정만이 마음을 통제하고 지배할 수 있다고 말한다. 긍정적인 감정이 마음을 채우고 잠재의식에 영향을 미치도록 하는 것은 당신에게 달려있다. 부정적인 생각과 감정을 거부하고 긍정적인 생각과 감정에만 집중하도록 하는 습관을 만들면 당신의 삶이 긍정적인 방향으로 바뀌는 것을 보게 될 것이다. 오래지 않아 긍정적인 생각으로 가득 찬 당신의 의식과 잠재의식에서 부정적인 생각이 튕겨져 나가는 것을 보게 될 것이다. 두 개의 마음을 조절할 때 당신은 당신의 잠재의식을 통제할 수 있게 된다.

나폴레온 힐이 제시한 일곱 가지 긍정적인 감정과 부정적인 감정에 대해 살펴보자.

일곱 가지 주요 긍정적인 감정들: 바람, 믿음, 사랑, 섹스, 열정, 로맨스, 희망

일곱 가지 주요 부정적인 감정들: 두려움, 질투, 미움, 복수심, 탐욕, 미신, 분노

긍정적인 감정과 생각에만 집중함으로써 당신의 삶이 긍정적으로 변하는 것을 보게 되는 것은 끌어당김의 법칙이 작용하기 때문이다. 끌어당김의 법칙은 《시크릿》이라는 론다 번의 책을 통해 유명해지기 전 나폴레온 힐이 가르쳤던 핵심적인 원리다. 론다 번은 그녀의 저서에서 다음과 같이 말하고 있다.

"생각은 창조입니다. 생각들이 강한 감정들에 붙어서 창조를 가속화하면 당신의 삶을 당신 손으로 이끌 수 있게 됩니다. 당신이 어디에 있든, 삶에 무슨 일이 일어나든 상관없이, 의식적으로 당신의 생각을 선택할 수 있고, 그러면 삶을 바꿀 수 있습니다. 절망적인 상황이란 것은 없습니다. 당신 삶의 모든 상황들을 바꿀 수 있습니다!"

잠재의식은 동시에 여러 계산을 수행하는 컴퓨터와 같다. 잠재의식은 오감으로 느끼는 정보는 물론, 보이지는 않지만 실재하는 여러 의식의 흐름에서 오는 정보를 받아들인다. 잠재의식은 그 데이터들을 저장하고, 받아들인 데이터를 정리해서 보관한다.

사실 잠재의식은 의식 없이 그냥 있을 때 자동으로 창출한다. 우리가 살아가면서 창출하는 많은 것들이 잠재의식에서 나오는 의도하지 않은 패턴, 믿음, 프로그램, 습관에서 생겨난 것이다.

잠재의식은 이미 저장되어 있는 것, 이전에 경험했던 것을 끌어낸다. 우리가 믿는 것이 우리 삶 안에서 현실로 나타난다. 만약 당신이 믿는 것과는 다른 것을 원한다면, 안타깝게도 당신이 원하는 것이 아닌 당신이 믿는 것이 항상 현실로 이뤄질 것이다. 이게 내가 '대립하는 힘의 역설^{opposing force paradox}'라고 부르는 것이다. 왜냐하면 당신의 잠재의식은 아는 것을 끌어내고, 아는 것은 믿음으로부터 나오기 때문이다.

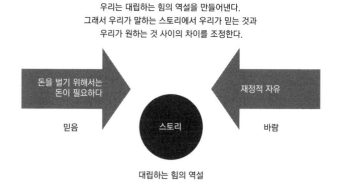

우리는 대립하는 힘의 역설을 만들어낸다.
그래서 우리가 말하는 스토리에서 우리가 믿는 것과
우리가 원하는 것 사이의 차이를 조정한다.

돈을 벌기 위해서는
돈이 필요하다

재정적 자유

믿음

스토리

바람

대립하는 힘의 역설

우리는 항상 우리가 안다고 생각하는 것을 만들어낸다. 그리고 이것을 우리 잠재의식의 저장고에서 끄집어낸다. 마음과 의식이 같지 않다는 것을 명심하라. 마음은 파일을 받아들이고, 저장하고, 다시 가져오는 컴퓨터와 같다. 이와 달리 의식은 모든 것을 다 아는 존재이며 우주와 우주적 지성에 각 개인이 연결된 상태를 말한다.

감정이 부여되는 생각들은 모두 확장한다. 감정이 부여된 생각은 그게 긍정적이든 부정적이든, 도움이 되든 해가 되든 상관없이 확장한다. 확장은 언제나 우리 마음속에서 일어난다.

감정이 부여된 모든 생각은 창조할 잠재력이 있다. 이런 이유로 많은 종교 서적들에서 우리 생각을 잘 지키고 기도할 때나 명상할 때 반복하라고 가르치고 있는 것이다. 또한 생각에 어떤 감정을 부여할 것인지 항상 검토할 필요가 있는 것이다.

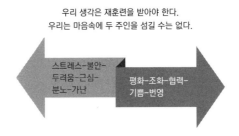

우리 생각은 재훈련을 받아야 한다.
우리는 마음속에 두 주인을 섬길 수는 없다.

스트레스-불안-
두려움-근심-
분노-가난

평화-조화-협력-
기쁨-번영

잠재의식은 당신이 진실이라고 저장해놓은 데이터베이스를 끌어오고, 그런 다음에 그걸 현실화시킨다.

변환의 6R

1 단계:	인식하기(Recognize)
2 단계:	현실을 다시 정의하기(Redefine Reality)
3 단계:	몰아내기(Release)
4 단계:	다시 창조하기(Re-create)
5 단계:	대체하기(Replace)
6 단계:	실천하기(Rehearse)

잠재의식을 변환시키고 만들어내는 여섯 단계 과정이 있다. 첫 단계는 당신이 감정을 부여한 생각을 단순히 인식하는 단계다. 두 번째 단계는 그 생각들의 실현성을 다시 정의하는 단계다. 그 생각들이 당신에게 도움이 되지 않는다면 날려 보내야 한다. 생각들을 날려 보내는 것은 요한 1서의 "사랑에는 두려움이 없습니다. 완전한 사랑은 두려움을 몰아냅니다. 두려움은 징벌을 생각할 때 생기는 것입니다. 그러므로 두려움을 품는 사람은 아직 사랑을 완성하지 못한 사람입니다."처럼 말이다. 여기서 사용된 '몰아낸다'는 대단히 시각적인 단어다. 이 단어는 우리를 성장하고 발전하지 못하게 하는 부정적 감정이 부여된 생각을 잡아 몰아내는 능력과 책임이 우리에게 있다는 것을 의미한다. 이게 바로 세 번째 단계인 몰아내기 과정이다. 네 번째 단계는 우리가 정말 무엇을 만들어내길 원하는지 상상하고 이해하는 단계다. 다섯 번째 단계는 낡은 생

각을 의도적으로 감정이 부여된 생각과 감정으로 대체하는 단계다. 여섯 번째 단계는 의도적으로 감정이 부여된 생각을 행동으로 옮기는 단계다. 행동으로 옮김으로써 우리 삶에서 새로운 창조와 현실이 마법처럼 실현된다.

변환의 6R을 실천하고 잠재의식이 끌어당길 의도적인 생각을 만들어내면, 우리는 '진정한 자존감'을 갖기 시작한다. 진정한 자존감은 우리의 생각, 믿음, 감정, 바람, 행동이 일치할 때 생긴다. 이러한 일치의 결과는 창조적 힘이 될 수 있도록 잠재의식 속에 실제처럼 저장된다.

믿음 + 감정 + 생각 + 바람 + 행동 = 일치

우리의 생각을 통제하면, 잠재의식이 데이터를 끄집어내고 이를 활용해서 현실화시키는 과정을 결정할 수 있게 된다.

많은 사람은 삶에서 부, 건강, 풍요로움, 번영 등을 만들어내는 능력이 부족하다. 그 이유는 상상하는 것을 현실화시키는 훈련을 하지 않거나, 현실성이 너무 떨어지는 상상을 하기 때문이다.

이런 문제를 극복하는 첫 단계로 아주 유치해 보이는 수준이 더라도 현실성이 있는 것들을 잠재의식에 저장하는 것을 시작해보길 권한다. 이를 통해 작은 성공의 경험들을 쌓게 될 것이고, 이 과정을 조금씩 재조정하다 보면 논리적인 마음이 키워지면서 한계를 완전히 없애고 어떤 일이라도 이루어낼 수 있는 능력을 얻게 될 것이다.

· 잠재의식 실천하기 ·

나는 생애 대부분 동안 내 잠재의식에 애증의 마음을 갖고 있었다. 군인이었던 아버지에게 길러졌으며 학교에서 성적도 좋은 편이었던 나는 충분히 똑똑하기만 하면 내 삶의 결과를 원하는 대로 통제할 수 있다는 확고한 믿음을 갖게 되었다. 그래서 어떤 문제라도 논리와 성실로 해결할 수 있다고 생각했다. 나는 눈물은 약한 사람만 흘린다고 생각했기 때문에 풍부한 감정을 느끼는 것이 나쁘다고 믿도록 잠재의식을 훈련시켰다.

이런 훈련이 남성들의 세계에서 사회적으로 성공하도록 도움이 되었을지는 모르겠다. 하지만 나는 그 훈련 때문에 수년 동안 나를 자책했고 모든 감정, 즉 약점의 원인이 되는 것들을 의식적으로 통제하기 위해 노력했다. 남들에게 감정을 내보이는 것은 나의 약점을 드러내는 것이라고 생각했고 강해 보이려고만 노력했다. 오늘날 내가 갖고 있던 문제들이 아버지와는 별 관련이 없다는 것을 알지만, 내가 아버지를 기쁘게 해드리려고 늘 노력했던 것은 사실이다. 완벽하고 강해지기를 원했고, 그런 모습을 아버지도 자랑스러워했다.

나는 완벽하지 못하다는 생각 때문에 늘 죄의식과 부끄러움에 시달려야 했다. 학교에서 좋은 성적을 받고 사회에서 능력을 발휘할 때는 높은 자부심을 가졌지만, 개인적으로는 낮은 자부심에 시달렸다. 이런 죄의식과 부끄러움은 신에 대한 혼합된 메시지를 가르쳐준 종교 때문에 더 심해졌다. 어떤 목사는 신을 두려워하라고 가르쳤고, 또 다른 목사는 신에 대한 믿음을 가지라고 가르쳤다.

그래서 내가 열아홉 살에 《생각하라! 그러면 부자가 되리라》를 읽었을 때 잠재의식에 대한 장에서 가장 인상 깊게 다가온 부분이 나폴레온 힐이 기도에 대해 기술했던 부분이었다. 그 장은 믿음 대 두려움을 이야기하고 있었다.

잠재의식은 우리가 하는 기도를 무한지성이 인식할 수 있도록 전달하는 중개자이다. 잠재의식은 무한지성이 보내는 메시지를 전달하고, 무한지성이 명확한 목표라는 형태로 되돌려주는 대답이나, 기도하는 사람의 목표를 이루어줄 아이디어를 전달해주는 역할을 한다. 믿음은 당신의 생각에 영적인 본성을 가져다주는 유일한 중개자로 알려져 있다. 믿음과 두려움은 친구가 될 수 없다. 즉 믿음과 두려움 중 하나가 있으면, 다른 하나는 존재하지 못한다. 나폴레온 힐의 책은 신이 사랑의 신이라는 사실을 나에게 확인시켜주었고 내 믿음을 강하게 만들어 주었다.

내 믿음은 인생의 많은 좋은 일들과 시련들을 통해 강해졌다. 시련에 빠져서 "왜?"라고 외칠 때마다 모두 응답을 듣진 못했지만 그럼에도 불구하고 나는 신이 내 삶을 위한 보다 원대한 계획을 갖고 있다는 것을 믿었다.

하지만 아직도 내 의식과 잠재의식 사이에 투쟁이 진행되고 있다. 이런 투쟁은 일상에서 일어나고 있는 어떤 일들을 내가 통제할 수 없을 때 생겨난다. 나는 이것을 감정적으로 나를 잡아먹는 '경운기'라고 불렀다. 아직 어린 청소년들이 밤에 너무 늦게 밖에 있는 것에 대해 걱정하는 것이든, 나쁜 선택을 하는 친구에 대해 걱정하는 것이든, 나는 그 걱정을 붙들고 근심하면서 나를 아프게 했다. '걱정하는 것은 당신이 원하지 않는 것을 얻으려고 기도하는 것'이라는 사실을 알았을 때 섬광처럼 깨달음이 왔다. 내가 나의 경운기와 함께 행동하는 자신을 발견할 때 걱정에 대한 정의를 기억해냈다. 그럴때마다 마치 찬물을 내 얼굴에 끼얹는 것 같았다. 그래서 나는 내가 정말 원하는 것에 생각을 집중하도록 힘썼다.

하지만 나는 이 문제에서 얻은 경험으로 오늘날 사람들, 특히 젊은이들을 돕는 열정을 갖게 되었다.

· 잠재의식에 대한 조언 ·

힐러리 멘텔
영국 작가, 부커상 2회 수상

"일의 진척이 있을 때 잠재의식을 특별 대우해주면 상상력이 뛰쳐나옵니다."

플로렌스 스코블 쉰

미국의 화가이자 북 일러스트레이터, 영적 스승이자 《당신의 말은 당신의 마술 지팡이Your Word Is Your Wand》의 저자

"잠재의식에게 당신이 성공한다는 확신을 주지 못하면 당신은 실패할 것입니다. 이 방법은 긍정을 '선택'함으로써 이루어집니다."

페이 웰던

페미니즘을 표방하는 영국의 작가, 수필가, 극작가

"반복적으로 적용하고 실행하는 오직 하나의 방법은 잠재의식에 닿는 것입니다. 당신이 어떤 것을 실행하고 있다는 것은 곧 그것이 일어난다는 것을 확실히 보여주는 것입니다."

플로렌스 웰츠

영국의 음악가, 가수, 작곡가

"저는 언제나 멜로디를 아주 쉽게 만들 수 있습니다. 일종의 직감입니다. 당신도 잠재의식과 연결된 통로를 찾을 수 있습니다."

이번 장을 읽으면서 당신의 실행 단계를 파악하고, "아하"라는 감탄사를 자아내고, 성공 성취를 위한 당신의 계획을 만들어내는 데 일지 쓰기를 활용하라!

이번 장은 당신에게 자기 탐구를 많이 요청하고 있다. 당신의 일지에 일곱 가지 긍정적인 감정들과 일곱 가지 부정적인 감정들을 적어 넣어라. 각 감정에 대해 그 감정을 경험했던 곳에서 당신 마음에 다가왔던 첫 삶의 경험을 적어 넣어라. 이 연습을 할 때 너무 오래 생각하지 마라. 그저 당신의 잠재의식에 가볍게 다가가라.

일곱 가지 주요 긍정적인 감정들: 바람, 믿음, 사랑, 섹스, 열정, 로맨스, 희망
일곱 가지 주요 부정적인 감정들: 두려움, 질투, 미움, 복수심, 탐욕, 미신, 분노

지금 종교, 섹스, 돈, 정치 등의 항목들에 부모님의 철학을 적어 넣어라.
각 항목에 대해 어린 시절에 영향을 받아 현재 당신이 무슨 '믿음'을 갖게 되었는지 생각해보라. 오늘날 당신에게 긍정적으로 작용하지 않는 믿음이 있는가? 그걸 적어라.

이제 앞서 나온 6R 과정을 실행해 보라. 당신에게 긍정적으로 작용하지 않는 믿음을, 긍정적인 생각을 만들어낼 새로운 믿음으로 대체하기 위해 각 항목에 대한 앞의 설명을 상기해 보라.

많은 사람이 태만과 자기기만을 하고 있다는 것을 인식하지 못하고 있다. 따라서 서로 도울 수 있는 친한 친구와 이 연습을 첫 단계부터 함께 하는 것도 좋다. 그 첫 번째 과정은 몰아내고 대체할 필요가 있는 믿음을 '인식하는' 것이다.

당신이 고려해야 할 것들.

- 자신을 판단하는 생각이 들 때면 일단 멈춰라.
- 실패나 실수를 배우는 기회로 보도록 하라. 또한 실패와 실수로 당신을 판단하지 말도록 하라.
- 당신을 판단하지 말고 당신이 느낀 것을 그저 받아들임으로써 자신을 너그럽게 대하는 법을 배워라.
- 다른 사람들이 자신의 감정을 표현할 때 그걸 인정하고 받아들여라.
- '최고가 되기' 대신 '최선을 다하기'로 바꿔라.

우리가 믿는 것이 우리 삶 안에서 현실로 나타난다.

만약 당신이 믿는 것과는 다른 것을 원한다면,

안타깝게도 당신이 원하는 것이 아닌

당신이 믿는 것이 항상 현실로 이뤄질 것이다.

왜냐하면 당신의 잠재의식은 아는 것을 끌어내고,

아는 것은 믿음으로부터 나오기 때문이다.

두뇌

남성에 비해 여성들의 두뇌가 더 활동적인 것으로 나타났다.
이것은 여성들의 두뇌가 종종 더 성능이 좋아서
남성들보다 한 수 위라는 것을 의미한다.

두뇌가 활동적이라는 것은
당신이 모든 지각을 통해
모든 것을 받아들이고 있다는 것을 의미한다.
그에 따라 당신이 훨씬 더 빠르고
보다 더 현명한 결정을 할 수 있게 된다.

– 마르타 벡

우리는 당신의 잠재의식의 중요성을 일깨웠다. 이제 잠재의식의 물리적 보호물인 두뇌에 대해 살펴보자. 우리 두뇌 안에서 무슨 일이 벌어지고 있는가에 대한 많은 논의가 진행될 텐데, 이를 위해서는 실제 용기인 두뇌에 대해 살펴보는 것이 중요하다.

우리는 생각의 원리나 구조에 대해서도 잘 모르지만, '두뇌와 생각의 힘이 실제 현상으로 전환되는 복잡하고 기계적인 광대한 네트워크'에 대해서도 아는 게 별로 없을지 모른다. 나폴레온 힐이 성공의 원칙과 어떻게 두뇌가 작용하는지를 연구하기 시작한 지 100년 뒤 과학이 두뇌 작용에 대해 많은 것을 밝혀주었고, 나폴레온 힐이 생각했던 것보다 두뇌 작용이 훨씬 더 복잡하다는 것이 드러났다.

두뇌의 구조

1938년에 나폴레온 힐은 인간의 대뇌 피질에 10조 내지 14조 개의 신경 세포가 있고, 그 신경 세포들이 분명히 일정한 형태로 정렬되어 있을 것이라고 추정했다. 지난 수십 년 동안 과학자들은 인간 두뇌 전체에 100조 개의 신경 세포가 있다고 보고하고 있다. 하지만 브라질 출신 여성 신경 과학자인 수잔나 헤쿨라노휴젤은 최근 전체 두뇌 신경 세포 수가 86조 개 가량이고, 그 중 대뇌피질 신경 세포가 16.3조 개, 소뇌 신경 세포가 69조 개, 그리고 나머지 부분의 신경 세포로 구성되어 있다고 밝혔다. 실제적인 두뇌를 좀 더 자세히 살펴보자.

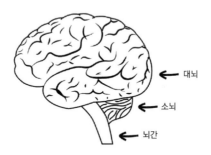

두뇌에서 가장 큰 부분은 대뇌다. 대뇌는 두뇌 무게의 85% 이상을 차지한다. 대뇌의 기능은 기억하고, 문제를 풀고, 생각하고,

여자를 위한 생각하라! 그러면 부자가 되리라

느끼는 것이다. 대뇌는 수의근(의지의 힘으로 수축시킬 수 있는 근—옮긴이)의 움직임도 조종한다. 두뇌는 두 부분으로 나뉘어 있다. 우반구 뇌는 음악, 색깔, 모양 등 추상적인 것들에 대해 생각하는 기능을 한다. 반면 좌반구 뇌는 수학, 논리, 말하기 등 좀 더 분석적인 기능을 담당한다. 우반구 뇌는 신체의 좌측을 통제하고, 좌반구 뇌는 신체 우측을 통제한다.

소뇌는 라틴어로 '작은 뇌'를 의미하며 두뇌의 뒤편, 대뇌의 하부에 있다. 소뇌는 대뇌에 비해 아주 작아서, 크기가 대뇌의 8분의 1에 불과하다. 하지만 두뇌 나머지 부분에 있는 신경 세포 수보다 더 많은 신경 세포를 갖고 있다. 소뇌는 균형, 움직임, 신체 동작의 조정 등을 담당하는 매우 중요한 역할을 한다. 또한 소뇌는 집중, 언어 등과 같은 인식 기능도 담당하는 것으로 알려져 있다.

그리고 대뇌변연계가 파충류가 지닌 두뇌의 낮은 기능과 포유류가 지닌 높은 기능을 연결해준다. 대뇌변연계는 동기, 분위기, 즐거움이나 고통의 느낌과 같은 감정, 기억을 조절한다.

뇌간은 대뇌를 척수와 연결한다. 뇌간은 대뇌변연계 하부에 있으며 호흡, 심장 박동, 혈압 같은 기본적인 생체 기능을 담당한다. 파충류 뇌는 소뇌와 뇌간을 포함하는데 호흡, 심장 박동 수, '싸울 것이냐, 도망갈 것이냐'의 반응 같은 생체 기능을 조절한다.

이러한 신체적 두뇌 구조가 함께 작동하면서, 인식하거나 이해하는 역할을 수행하는 것을 돕는다. 뇌세포들은 전기화학적 과정을 통해 서로 소통한다. 당신이 생각하고, 배우고, 의사소통할 때마다 두뇌에 있는 뉴런(뇌세포)이 시냅스를 통해 다른 뉴런에 신경 자극을 보내면서 연결되는 것이다.

따라서 우리 두뇌와 마음 사이에 차이가 있는 것인가? 이 주제에 대해서는 의견이 갈린다. 하지만 대부분이 마음은 보이지 않지만, 그 마음이 장기 기억을 받아들이고, 단기 기억을 만들어내고, 들어오는 데이터와 정보를 처리한다는 데 동의한다.

좀 더 간단히 설명하자면 두뇌는 움직임, 생각, 느낌을 조정하는 우리 신체의 한 부분이다. 반면 마음은 이러한 것들 또는 생각이 이루어지는 과정에 대한 보이지 않는 이해를 나타낸다.

•

여성 뇌 vs 남성 뇌

•

연구결과에 의하면 여성 뇌와 남성 뇌 사이에는 뚜렷한 차이가 있다. 이런 차이가 여성과 남성이 다르게 생각하는 이유를 명쾌하게 설명해줄 것이다. 또한 이런 차이는 왜 여성과 남성이 비즈니스와 일상생활에서 다른 접근 방법을 취하는지를 설명하는 데도 도움을 줄 것이다.

나는 의학 박사인 팜 피케 박사에게 여성과 남성이 어떻게 다르고, 그게 우리 두뇌와 어떤 연관이 있는지를 기술한 최근 연구 결과를 설명해 달라고 요청했다. 팜 박사는 《여성의 삶을 위한 몸 Body for Life for Women》의 저자이기도 하면서, 여성과 여성의 두뇌에

심도 있는 연구를 해왔다. 팜 박사는 연구결과를 다음과 같이 설명
하고 있다.

"여성들은 지속가능한 성공의 기초를 형성하는 사명선언서를
공유하고, 공감하고, 지속적인 관계를 만들고, 서로 이야기하
는 데 강하다. 흥미롭게도 여성의 두뇌는 남성의 두뇌에 비해
8~10% 더 작다. 하지만 여성과 남성의 지능은 비슷한데, 여성
들의 두뇌가 작은 크기로 더 효율적으로 일하기 때문이다.
두뇌 신경 촬영법 연구에 따르면 남성에 비해 여성들의 두뇌
가 시험 대상 80개 분야 중 70개 분야에서 더 활동적인 것으
로 나타났다. 이것은 여성들의 두뇌가 더 성능이 좋아서 남성
들보다 한 수 위라는 것을 의미한다.
여성들이 다른 사람들을 잘 돌보는 이유는 잘 알려져 있다. 여
성들의 대뇌변연계, 즉 감정 시스템의 효율적인 활성화가 여
성들에게 강한 연대와 인간관계를 만드는 데 도움을 주기 때
문이다.
여성들은 남성들에 비해 더 크고 깊은 대뇌변연계를 갖고 있
다. 그래서 여성들은 자신들의 느낌뿐만 아니라 주위 사람들
의 느낌까지도 잘 알아챌 수 있는 것이다. 여성들은 상대방의
얼굴 표정이 달라지고, 목소리 억양이 변하는 것도 잘 인지하
기 때문에 감정을 알아채는 데도 빠르다. 또한 여성들은 감정
조절에도 더 뛰어나다. 분노와 공격성을 통제하는 대뇌 부위

가 남성들에 비해 여성들이 더 크기 때문이다. 즉 여성들은 침묵에서 분노까지 왔다갔다 하기보다는 멈춰서 지켜보는 경향이 더 큰 것이다.

남성들에 비해 여성들의 두뇌에는 백색 물질이 거의 열 배는 더 많다. 백색 물질은 두뇌 안의 연결을 활성화하는 데 도움을 준다. 남성들은 다른 사람이 읽어주는 소설을 들을 때 두뇌의 한쪽 반구만 활성화되지만, 여성들의 경우에는 양쪽 반구가 함께 켜진다. 남성의 경우에는 좌뇌가 우세하기 때문에 업무 지향적인 관점에서 해결책을 찾는 데 유리하다. 반면 여성들의 경우에는 양쪽 반구의 뇌를 결합해서 사용하기 때문에 의사소통과 문제 해결 시 감정에 더 초점을 둔다.

남성들이 한쪽 뇌에만 의존하는 것과 대조적으로 여성들은 양쪽 뇌를 활용해서 언어 처리를 한다. 그래서 여성들의 언어 능력이 남성들보다 더 뛰어난 것이다. 이런 능력이 인간관계를 형성하고 협력하는 데뿐만 아니라 계획하고 전략을 짜는 데도 활용될 수 있다. 최적화된 집행 능력은 창의력과 경계심뿐만 아니라 충동성, 성급함, 조급함 등을 누그러뜨리는 능력을 향상시킨다. 이러한 여성의 능력은 중요한 생존 기술로 작용한다.

남성들이 업무 지향적이고, 의사소통을 잘 안하고, 독립적으로 일하는 데 반해, 여성들은 공감하고, 의사소통을 잘 하고, 단체로 일하면서 해결책을 찾는 데 초점을 맞춘다."

여자를 위한 생각하라! 그러면 부자가 되리라

팜 박사의 분석은 헬렌 피셔 박사의 연구로 뒷받침되고 있다. 헬렌 피셔 박사는 럿거스 대학교의 교수이며 생물 인류학자이고 인간행동 연구가이기도 하다. 피셔 박사는 여성이 '망 사고web thinking'를 하는 데 반해, 남성들은 '계단식 사고step thinking'를 한다고 비교하고 있다.

"여성들은 어떤 문제에 대해 개괄적이고, 통합적이고, 넓은 시야로, 전체적이고, 맥락적인 관점에서 보는 경향이 있다. 나는 이러한 여성적인 사고방식을 망 사고라고 이름 붙였다. 남성들은 한 번에 한 가지 일에 주의를 집중하는 경향이 더 많다. 남성들은 관련된 일을 분리해서 관련이 없다고 판단되는 데이터는 버리고, 정보를 좀 더 선형적인 인과 관계로 분석하는 경향이 있다. 나는 이런 남성들의 인식 패턴을 계단식 사고라고 명명했다.

망사고와 계단식 사고는 모두 가치가 있다. 하지만 현대 비즈니스 공동체에서는 '깊이 있는 사고', '폭넓은 사고', '시스템적 사고' 등이 요구되고 있다.

이처럼 매우 복잡한 시장에서는 맥락적인 사고가 확실한 자산이다. 여성들은 이런 측면에서 유리하다.

망 사고로 여성들은 천성적인 리더십 특성을 가진다. 사회 과학자들과 비즈니스 분석가들에 따르면 여성들이 애매모호한 상태를 더 잘 견딘다고 한다. 여성들의 천성은 여러 가지 일들을 한꺼번에 마음속에 간직할 수 있는 능력에서 기인한다. 만약 최근의 비즈니스 환경을 한 마디로 표현해야 한다면, 나는 그걸 '모호함'이라고 표현하고 싶다. 여성들은 이러한 불확실한 비즈니스 환경에 적응하는 데 천부적이다.

또한 여성들의 망 사고는 직감을 더 잘 발휘할 수 있도록 한다. 그리고 이런 직감은 알아차리지 못하는 사이에 생산적인 역할을 해낸다.

장기적인 계획도 망 사고와 관련이 있다. 장기적인 계획이란 다양하고 복잡한 시나리오를 평가하고, 경영 결정을 위한 장기 과정을 계획하는 능력을 말한다.

망 사고를 위한 여성의 뇌 구조는 마음의 유연성이라는 또 다른 천성적인 재능을 가져다준다. 마음의 유연성은 현재의 역동적인 글로벌 경제 상황에서 꼭 필요한 리더십 특성이다."

나는 팸 박사와 헬렌 박사의 분석을 읽으면서 여성들의 미래와, 여성들이 더 위대한 리더십 역할을 수행할 기회에 대한 큰 희망을 보았다. 비즈니스 세계가 여성들의 강점을 요구하는 방향으로 변화하고 있고, 여성들이 그에 응답하고 세계를 이끌어 나갈 것이기 때문이다.

세계화는 앞으로도 소셜 네트워킹과 소셜 미디어와 같은 더 훌륭한 의사소통 기술을 요구할 것이다. 리더십과 창의적인 문제 해결이 요구되는 분야는 물론 다른 분야에서도 여성들은 완벽하게 적합한 자질을 가지고 있다.

•

생각의 힘

•

공감이라는 주제는 특히 여성들에게 매우 중요하다. 팜 박사가 말했듯이 공감이 여성들에게 대단한 자산이 될 수도 있지만 해로울 수도 있다. 공감은 다른 사람의 경험과 감정을 이해하고 그 느낌을 함께 느낄 수 있는 능력으로 정의된다. 공감하는 것도 중요하지만 당신의 생각을 잘 조절해서 다른 사람의 감정에 압도되지 않도록 하는 능력도 중요하다.

미국 국립과학재단National Science Foundation의 통계에 의하면 우리는 하루에 12,000~60,000개의 생각들을 한다고 추정된다. 구체적인 생각의 숫자는 우리의 창의력, 문제 해결 능력, 직장 경험으로 결정된다. 그리고 이러한 생각들 중 95~98%는 그 전날 했던 생각들과 정확히 똑같은 생각들이다. 더 중요한 점은 우리 생각들 중 80%가 일반적으로 부정적이라는 것이다. 부정적인 생각들뿐만 아니라 98%의 생각들이 잠재의식에서 자동적으로 생성되는 생각들이다. 이게 바로 앞장에서 기술했던 대로 우리가 잠재의식의 힘을 의식해야 하는 증거다. 이는 "당신이 생각하는 대로 당신에게 일어난다."는 말이 진실임을 말해준다.

부정적인 생각의 영향

다른 사람의 부정적인 생각을 우리의 공감 능력과 혼합시키면 다른 사람들의 부정적인 생각이 우리에게 전염된다.

마이애미 대학교의 쥬타 조르만 교수는 이 분야에 대한 연구를 광범위하게 진행했다. 조르만 교수는 부정적인 생각에서 벗어나지 못하는 사람들에 대해 다음과 같이 이야기했다.

"그들은 근본적으로 그들에게 일어난 일을 계속해서 다시 체험하는 태도에 고착되어 버렸습니다. 심지어 그들은 '이건 도움이 되지 않아. 나는 이렇게 생각하는 것을 멈춰야 해. 나는 내 삶을 잘 헤쳐 나가야 해'라고 생각하면서도 결코 부정적인 생각을 멈추지 못합니다."

이처럼 부정적인 생각의 끝없는 사이클은 정신적, 육체적 스트레스를 유발하고 신체적 안녕과 건강에 영향을 줄 것이다.

미국 질병통제예방센터^{CDC, Centers for Disease Control and Prevention}는 스트레스와 육체적 현상 사이의 중요한 상관관계를 찾아냈다. 스트레스는 우리를 비만하게하고, 질병을 유발하며, 심지어 죽음에까지 이르게 한다. CDC는 심장병, 암, 폐질환, 사고, 간경변, 자살 등의 여섯 가지 죽음의 원인과 스트레스를 연계시키고 있다.

《여성의 영혼을 위한 치킨 수프Chicken Soup for the Woman's Soul》
의 공동 저자인 제니퍼 호손은 간단한 비유를 들고 있다.

"만약 당신이 육체적으로 지쳤다면 또렷하게 생각하기 어려
울 것입니다. 마찬가지로 만약 당신이 하루종일 정신적으로
신경을 곤두세우면서 마음을 썼다면 육체적으로 일한 것처럼
지칠 것입니다. 부정적인 생각은 진을 빠지게 합니다. '절대',
'해야만 해', '할 수 없어'와 같은 말과 불평, 투덜대기, 우리 또
는 다른 사람의 자존감을 약화시키는 생각을 포함한 생각들은
우리 몸을 고갈시킵니다. 이런 것들이 우리 생리를 약화시키
는 해당 화학 물질을 생산해내기 때문입니다. 이렇게 되면 저
녁마다 탈진해버리는 것이 전혀 이상하지 않습니다!"

.

호르몬 불균형의 영향

.

여성들의 몸과 마음의 연결성에 대한 논의는 호르몬이 우리
삶과 육체적 건강에 미치는 역할을 논의하지 않고는 이루어질 수
없다. 우리 모두는 삶 전체를 통해서 호르몬 변화가 일어난다는 것
을 알고 있다. 그리고 이것은 나이 들어가면서 일어나는 자연스러
운 현상이다. 여성들은 남성들과 달리 생리 중단과 함께 급격한 호
르몬 변화를 겪게 된다. 반면 남성들은 호르몬 변화가 상대적으로

서서히 일어난다. 이 문제는 경력의 최고조에서 갑작스럽게 호르몬 불균형을 맞게 되는 여성들이 알고 있어야 할 중요한 주제다. 그 불균형이 어떻게 시작되었든 상관없이 '뇌 안개brain fog(머리가 혼란스럽고 안개같이 뿌예서 분명하게 생각하거나 표현하지 못하는 상태-옮긴이)'와 기억력 상실뿐만 아니라 극단적인 우울증, 조울증, 근심, 불안 등을 초래한다.

불행하게도 호르몬 불균형이 삶의 질에 엄청난 영향을 끼친다는 사실을 제대로 이해하고 있는 여성이 별로 없다. 미셸 킹 롭슨은 질병 진단 과정에서 여러 번의 오진을 겪었는데 어린 나이에 자궁 절제술을 받고 호르몬이 적절하게 균형을 찾을 때까지 수년 동안 나빠진 건강과 정신적 괴로움에 시달려야 했다. 미셸은 "저는 아팠습니다. 그리고 나아졌습니다. 그리고 미치도록 화가 났습니다."라고 말했다. 미셸은 분노를 행동으로 옮겼다. 그녀는 다른 여성들이 자신이 겪었던 고통을 겪지 않도록 하기 위해 엠파훠EmpowHER라는 회사를 세웠다. 엠파훠의 사이트에는 여성들의 건강 정보와 커뮤니티가 제공되었고, 여성들의 건강과 행복이 증진되도록 지원했다.

감정적으로 또 신체적으로 건강함을 느끼도록 하기 위해서는 우리 두뇌의 호르몬이 균형 상태에 있도록 하는 것이 중요하다. 우리의 두뇌가 여러 가지 호르몬과 우리 기분을 안정시켜주는 신경 전달 물질에게 어떻게 영향을 받는지 살펴보자.

• 세로토닌은 건강과 행복의 감정을 느끼도록 하는 호르몬

이다.

- 도파민은 각성에 가장 많은 영향을 주는 호르몬이다.
- 노르에피네프린은 정신 집중에 가장 큰 역할을 하는 호르몬이며 신경 전달 물질이다.

이 호르몬들이 균형 상태에 있으면서 함께 작동하고 있다면 당신은 좀 더 편안하고 자신을 잘 통제하고 있다고 느끼게 될 것이다.

호르몬 사이클을 바꿈으로써 호르몬 균형이 무너지고, 재앙적인 결과가 초래되는 예가 있다. 에스트로겐이 흔들리게 되면 세로토닌 수준에 영향을 줄 수 있다. 두뇌에 충분한 세로토닌이 없으면 우울증, 걱정, 과민성 등을 겪을 수 있다. 하지만 세로토닌 수치가 낮게 되면 난소가 영향을 받게 된다. 그에 따라 에스트로겐 생산에도 영향을 미치게 된다. 에스트로겐 수치가 일정 범위를 벗어나면 기분이 크게 요동칠 수 있다. 극단적인 분노와 극단적인 우울증 사이에서 왔다갔다 할 수 있는 것이다.

마치 진퇴양난 같다고? 사실 정말 그렇다. 이런 뇌 호르몬 합병증은 주기적인 우울증 변동을 초래할 수 있다. 우울증 변동은 맨처음에 우울증을 일으킨 원인을 제대로 이해하지 못하면 극복되기 어렵다. 미셸은 이에 대해 다음과 같이 말했다.

"저는 많은 여성이 고통을 극복하고 기분이 나아지기 위해 술을 마시는 것을 봅니다. 하지만 이런 행위가 실제로는 우울증을 더 악화시킬 뿐입니다. 알코올은 직장에서 하는 일의 효율을 떨어뜨립니다. 그리고 불면증으로 충분히 잠을 잘 수 없어 뇌 안개를 촉발할 수 있습니다. 이러한 많은 문제가 호르몬과 스트레스와 연관이 있습니다."

기분이 별로 좋지 않을 때 일을 잘 하기는 무척 힘들다. 호르몬이 정말 제대로 균형을 잡을 수 있는 적절한 의학적 지원을 찾는다면 극적으로 긍정적인 결과를 얻을 수 있을지도 모른다. 하지만 육체적 건강이 정신적 건강에 미치는 영향을 잊지 말자.

만약 육체적 건강에 문제가 있다면 아마도 의식과 잠재의식이 부정적인 생각들을 쏟아냈기 때문일 가능성이 높다. 육체적 건강을 증진시키기 위해 노력하는 동안 정신적 건강을 위해 노력하는 것도 그에 못지않게 중요하다. 마음에 긍정적인 생각들이 넘쳐흐르도록 하고, 부정적인 생각들은 없애버려야 한다. 이렇게 하는 데 도움을 주는 몇 가지 제안을 하겠다.

•

생각을 향상시키면 건강이 향상된다

•

심리과학 학술지 Psychological Science에 실린 연구에 부정적인 생각을 제거하는 쉬운 방법이 소개되어 있다.

여자를 위한 생각하라! 그러면 부자가 되리라

"부정적인 생각들을 적은 다음에 그걸 멀리 날려보내라."

이 연구에서 사람들에게 자신에 대한 생각을 적으라고 요청하고, 적어놓은 생각들이 미치는 지속적인 영향을 조사했다. 그 결과는 매우 인상적이었다. 그들에 대한 부정적인 생각을 적은 종이를 없애거나 날려버린 실험 참가자들은 그 생각들을 극복할 수 있었고, 더 이상 그들이 써놓았던 생각들에 영향을 받지 않았다. 반면 생각을 적어놓은 종이를 던져 버리지 않고 간직하고 있던 실험 참가자들은 그들이 적어놓은 부정적인 생각에 계속해서 영향을 받았다.

연구자들의 결론은 생각을 적어놓은 종이를 없애는 행동이 당신의 마음을 부정적인 생각에서 멀어지도록 한 것처럼 보인다는 것이었다.

정말 이렇게 간단할 수 있는가?

부정적인 생각은 감소시키고, 긍정적인 생각은 증가시키기 위해 우리들 중 몇몇은 다른 방법에 대해서도 자세히 살펴볼 필요가 있다. 첫 번째 단계는 당신의 부정적인 생각들을 알아내고 '잡는' 방법을 배우는 것이다.

다음 습관들 중 몇몇은 부정적으로 생각하는 경향을 나타낼 가능성이 크다.

- **과장된 생각**: 아침에 주차 공간을 찾을 수가 없어서 그날 하루의 기분을 망치기로 한다.
- **완벽주의**: 맡은 프로젝트를 마치고 잘 접수를 했다. 하지만

그 프로젝트의 한 부분을 빠뜨린 것을 발견했다. 당신이 한 일이 잘 접수된 것을 행복해 하는 대신 한 부분이 빠진 것으로 스스로를 질책했다. 당신은 긍정적인 것 대신 부정적인 것을 키우고 있다.

- 자기비하: 어떤 나쁜 일이 발생하면 자동적으로 자기 탓을 한다.

- 판단: 당신은 옳은 것과 그른 것, 흑과 백 등 이분법적으로 사물을 보는 경향이 있다. 다른 가능성에 열린 마음을 갖는 대신 '그러면 그렇지' 하고 재빠르게 판단해버린다.

이제 당신은 부정적인 생각들을 쉽게 알아볼 수 있다. 부정적인 생각들을 긍정적인 생각들로 전환하는 방법들에 초점을 맞춰보자. 다른 습관들과 마찬가지로 전환하는 데는 시간이 걸리고 연습이 필요하다. 하지만 평생에 걸쳐 긍정적인 결과를 가져올 것이다.

당신의 삶에서 긍정적인 에너지를 상승시키는 일곱 가지 단계를 살펴보자. "나는 주로 무엇에 대해 부정적인 생각을 하는가?"라고 자문해 보라. 정말로 자신에게 정직하다면 삶의 여러 분야에서 그걸 찾을 수 있을 것이다. 그것들은 일이나 가족, 혹은 자신을 어떻게 보느냐와 관련된 것일 수도 있다. 우선 초점이 되는 한 분야를 선택하고 일곱 가지 단계를 적용해보라.

1. 일주일에 최소 세 번 운동을 하라. 아니면 현재의 운동 수준을 높여라.

2. 당신의 몸과 마음에 좋은 영양분을 공급하기 위해 건강한 다이어트 식품을 먹어라.

3. 그날 했던 부정적인 생각을 되돌아보는 시간을 매일 정해 놓아라. 부정적인 생각을 어떻게 긍정적인 생각으로 전환 했는지 떠올려보라. 예를 들어 "너무 힘들어."라고 말하는 대신 "그래 한번 해보자!"라고 자신에게 말한다.

4. 당신의 삶에 유머를 더하라. 연구결과에 의하면 유머는 스 트레스를 줄이고 삶에 낙관을 더해준다.

5. 긍정적인 환경을 만들어라. 직장과 가정 환경에 가벼움, 행복, 긍정적인 말을 더하라.

6. 긍정적인 사람들과 시간을 보내라. 부정적인 사람들과 보 내는 시간을 줄여라.

7. 긍정적인 자기 대화를 하라.

이 방법들을 연습하기 시작하면 분명한 효과를 보게 될 것이 다. 더 많이 웃고, 더 많은 자신감을 갖고, 미래를 낙관적으로 바라 보는 자신을 발견하게 될 것이다. 더 나아가 주위 사람들과 더 잘 공감하고, 더 잘 조화를 이루게 될 것이다. 이를 통해 당신의 잠재 의식이 무한지성과 조화를 더 잘 이루도록 하는 환경을 만들게 될 것이다.

나는 두뇌에 대해서 많은 것들을 배웠다. 몇 년 전 내가 알기를 바랐던 것들을 이번 장에 쓰면서 남녀의 차이에 대해서도 배웠다.

공감하고 협력하는 우리의 천성적인 능력은 미래 비즈니스에서 여성들이 성공할 수 있도록 돕는 든든한 지원군이다. 왜냐하면 비즈니스 환경은 경쟁적이고 먹고 먹히는 세계에서 나아가 좀 더 공유하고 협력하는 환경으로 바뀔 것이기 때문이다.

하지만 수년에 걸친 내 경험에서 피력할 필요가 있는 추가적인 문제들이 있다. 우리가 부정적인 것을 이야기할 때 당신에게 직접적으로 다가갈 수도 있고, 아니면 마치 잠행 형태로 몰래 다가갈 수도 있다.

예를 들어 뒷담화, 빈정대기, 불평불만 많은 직원이라는 주제를 살펴보자. 뒷담화와 빈정대기에서는 친구들이나 동료들 사이에서 단순한 잡담으로 시작할 수 있지만, 곧이어 아주 해로운 독약이 되어버린다. 이와 비슷하게 불평불만 많은 한 직원이 모든 사람에게 해로운 직장 환경을 만들 수도 있다.

우리 모두는 뒷담화를 하고 빈정대기도 한다. 그런데 그 뒷담화와 빈정거림이 우리를 향할 때 대부분이 상처를 받는다.

수년에 걸쳐 나는 뒷담화와 빈정거림을 최소화하고 불만족하는 직원을 피하는 몇 가지 간단한 전략을 알아냈다.

1. 건설적인 일을 하면서 바쁘게 지내기.
2. 뒷담, 비난, 불평불만 하는 경향이 있는 사람을 그냥 피하기.
3. 뒷담, 비난, 불평불만 하는 사람과 마주하게 됐을 때는 그 자리를 벗어나기. 단순히 뒷담이나 빈정거림을 듣기만 해도 부정적인 상황에 빠져들고 심하게는 이를 퍼뜨리는 역할을 하는 것이다.
4. 내 사생활을 다른 사람들에게 노출시키지 않도록 주의하기. 그게 나에게 문제로 돌아올지도 모른다.
5. 만약 내가 불편한 감정을 느끼면 그 분야의 전문가에게 도움을 요청하고, 불편한 감정을 꽁꽁 묶어두지 말고 그 전문가에게 내 감정을 표현하기.
6. 부정적인 것을 긍정적인 것으로 방어하기.

내가 어떤 일로 화가나 있을 때 내 친구 도나 루트가 그걸 극복할 수 있는 과정을 만들 수 있게 도와주었다. 도나는 내가 부정적인 생각으로 감정이 소진되었을 때 나에게 다음과 같이 해보라고 말했다.
1. 차를 운전하고 있다고 생각해라.
2. 자신의 부정적인 생각을 알아낼 수 있도록 충분히 오래 멈추어라.
3. 알아낸 생각이 나와 명확하게 분리되도록 마음속에 그려보라.

4. 그 생각을 차의 조수석에 놓아라.

5. 그 생각에게 "내가 당신에게서 무엇을 배울 수 있을까요?"라고 물어라.

6. 만약 배울 수 있는 교훈이 있다면 배워라.

7. 만약 배울 게 없다면 그 생각에게 너는 힘이 없다고 말하라.

8. 현실로 돌아가서 당신 생각들을 통제하라.

그리고 이 모든 것들이 안 통하면, 나는 음악을 틀어놓고 춤을 추기 시작한다!

• 두뇌에 대한 조언 •

파라 포셋

미국 배우이자 아티스트

"신은 여성들에게 직감과 여성성을 선물했습니다. 이 둘을 적절히 활용하여 조합하면 제가 이제까지 만났던 어떤 남성들의 두뇌도 쉽게 뛰어넘을 수 있습니다."

바바라 드 엔젤리스

미국의 인간관계 컨설턴트, 강사, 작가

"남성의 두뇌는 여성들의 두뇌에 비해 생각을 감정으로 전환하는 것에 더 많은 어려움을 느낍니다."

여자를 위한 생각하라! 그러면 부자가 되리라

드류 배리모어

미국 배우 겸 영화감독

"저는 개인적으로 수년 동안 제 육체적 이미지 때문에 고민했었습니다. 제게 "너는 민소매나 끈이 없는 옷은 입을 수 없어." 라고 말하곤 했습니다. 그런데 갑자기 만약 두뇌에 그런 부정적인 메시지를 보내지 않고 "그걸 입고 그냥 즐겨."라고 말한다면 어떤 일이 일어날까? 라는 생각이 들었습니다. 저는 지금 그 어느 때보다 입는 옷에 편안함을 느낍니다."

마릴루 헤너

미국 배우이자 제작자, 작가

"연구결과를 보면 아주 작은 양의 가공된 식품이라도 우리 두뇌의 호르몬 균형을 변화시킬 수 있고, 그에 따라 부정적인 기분이 들면서 에너지가 급격하게 감소할 수 있다고 합니다. 건강한 자연 식품이 우리 두뇌 기능을 향상시켜 줍니다."

이번 장을 읽으면서 당신의 실행 단계를 파악하고, "아하"라는 감탄사를 자아내고, 성공 성취를 위한 당신의 계획을 만들어내는 데 일지 쓰기를 활용하라!

잠재의식과 두뇌에 대해서 그리고 그 둘이 어떻게 함께 작용하는지에 대해서 읽은 다음에 그것들을 당신의 삶에 어떻게 적용할 것인지 잠깐 생각해보라. 당신이 가진 긍정적인 특성을 생각해보고 그것들을 당신의 일지에 적어라. 그 다음에는 자신에게서 바꾸고 싶은 것들을 생각해보고 그것들도 일지에 적어라.

다음 질문에 답하라.
- 당신은 과장된 행동을 하는 경향이 있는가?
- 당신은 완벽주의자인가?
- 당신은 모든 것을 개인화하는가?
- 당신은 판단을 하는 편인가?
- 당신은 뒷담화를 하는 편인가?
- 당신은 빈정거리는가?

극복하고 싶고, 긍정적인 특성으로 바꾸고 싶은 한 개의 부정적인 특성을 선택하라. 그 특성을 일지에 적고, 그것을 고치는 작업을 우선

진행하라. 그 특성에 대해 생각하기 시작할 때는 거기에 몰두하는 연습을 하라.

이제 삶의 긍정적인 에너지를 향상시키는 일곱 가지 방법(238페이지)을 상기하라. 그 방법들 중 최소한 한 개를 선택해서 다음 한 달 동안 실행해보라.

다음달 말에 당신의 경험을 일지에 적어라. 다음에는 다른 방법을 골라서 이 과정을 반복하라. 매일 밤 잠자리에 들기 전에 긍정적인 것을 생각하도록 하라.

좋은 꿈꾸기를!

여성들은 어떤 문제에 대해 넓은 시야로, 전체적이고,

맥락적인 관점에서 보는 경향이 있다.

매우 복잡한 시장에서는

맥락적인 사고가 확실한 자산이다.

여성의 뇌 구조는 마음의 유연성이라는

또 다른 천성적인 재능을 가져다준다.

마음의 유연성은 현재의 역동적인 글로벌 경제 상황에서

꼭 필요한 리더십 특성이다.

식스 센스

예감, 육감, 영감 등은 식스 센스가 작용해서 나타난 현상이다.
식스 센스는 당신의 잠재의식이고 창조적 상상력이기도 하다.
식스 센스는 당신을 무한지성과 연결해주고
그걸 통해서 아이디어, 계획, 생각이 마음속으로 들어온다.

당신의 예감을 믿어라.
예감은 대개
의식의 바로 밑에 보관되어 있는
사실들에서 나온다.

– 조이스 브라더스 박사

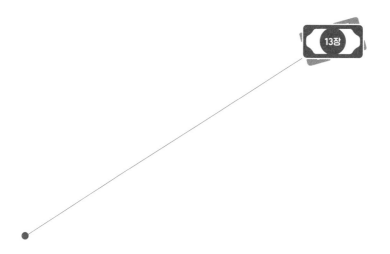

당신은 어떤 사람을 만나자마자 그가 믿을만한 사람이 아니라는 걸 '알기' 때문에 바로 싫어해 본 적이 있는가? 등 뒤에서 냉기가 돌고 머리가 쭈뼛하게 서면서 직감이 위험 신호를 보낸 것을 느낀 적이 있는가? 당신의 비즈니스 협력자나 식구들, 친구들의 조언에 반하는 결정을 단지 그게 옳다는 것을 '알기' 때문에 한 적이 있는가? '대단히 좋은 새로운 아이디어'가 떠오르면서 깬 적이 있는가?

이러한 예감, 육감, 번쩍하며 '알게' 되는 것, 영감 등은 대부분 당신의 식스 센스SIXTH SENSE가 작용해서 나타난 현상이다. 식스 센스는 당신의 잠재의식이고 앞장에서 말한 창조적 상상력이기도 하다. 나폴레온 힐은 식스 센스를 지혜의 궁전으로 나아가는 문이라고 불렀다. 그 이유는 식스 센스가 당신을 무한지성과 연결시켜주고 그걸 통해서 아이디어, 계획, 생각이 마음속으로 들어오는 통로가 되기 때문이다.

당신은 앞선 성공의 12가지 원칙을 마친 이후에만 당신의 식스 센스를 끌어올 수 있다. 나폴레온 힐이 설명했듯이 식스 센스는 정신적 영역과 영적 영역을 조합해서 당신을 우주 마음^{Universal}^{Mind}이라고 불리는 것과 접촉할 수 있도록 해준다. 식스 센스가 발달하게 되면 식스 센스가 당신의 수호천사 역할을 하는 것을 느끼게 될 것이고, 지혜의 궁전으로 나아가는 문을 적시에 열게 될 것이다.

식스 센스는 당신의 간절한 바람을 체계적인 계획으로 바꾸고, 그 계획을 확실하게 현실화하는 데도 도움을 준다. 일단 당신이 그 과정을 이해하고 그걸 실행으로 옮기게 되면 당신의 지식을 이해로 전환하게 될 것이다. 이러한 이해는 식스 센스를 인식하고 거기로 뛰어들 때 도움을 받는다. 식스 센스는 당신을 더 높은 차원의 이해와 정신적 깨달음으로 올려줄 것이다.

도나 루트는 우리 모두 식스 센스를 갖고 있지만, 모두가 여기에 귀를 기울이는 것은 아니라고 말한다.

"우리 모두는 식스 센스를 갖고 태어나지만, 이전부터 많은 사람이 미지의 것을 아는 비논리적인 능력에는 가치를 낮게 부여했습니다. 저는 역사적으로 볼 때 여성들이 논리적으로 설명할 수 없는 위대한 지혜를 갖고 있다고 생각합니다. 그 지혜는 여성들이 직감을 통해서 알아차리지만 진실인 것, 즉 비논리적이지만 진실인 것입니다. 여성들의 식스 센스는 논리적인 이유 없이 직감을 사용해서 앞으로 나아가는 능력입니다. 이러한 식스 센스와 완벽하게 조화를 이루고, 식스 센스를 활용해 창조하는 능력은 이 세상에서 의식을 갖고 사는 방법입니다. 식스 센스라는 선물을 확장하고 확대하는 것이 여성인 우리에게는 좀 더 쉬운 일입니다. 오늘날 우리는 온전하게 서로 연결된 세상에서 살고 있습니다. 그리고 우리는 현재 의식 수준보다 더 높은 의식에 도달할 수 있다는 것을 알아야 합니다."

당신이 아마도 이런 질문을 던질지도 모르겠다. 이러한 무한 지성과의 연결이 가끔 일어나는 일인가? 아니면 언제든지 연결될 수 있는가?

삭티 거웨인은 우리의 직감에 귀를 기울이라고 말했다. 삭티 거웨인은 《빛 속에서의 삶 Living in the Light》이라는 그녀의 책에서 25년 전에 이미 직감을 안내의 불빛으로 활용하라고 권했다. 삭티 거웨인은 직감의 중요성을 재차 강조했다.

"당신의 직감은 당신이 어디로 가야 하는지를 말해줍니다. 당신이 만나야만 하는 사람들을 당신에게 연결시켜 줍니다. 당신에게 의미가 있는 일로 안내합니다. 당신은 의미 있는 일을 통해 기쁨을 느끼고 올바른 일을 하고 있다는 느낌을 받을 수 있습니다. 당신의 직감, 즉 내부 안내 시스템에 귀를 기울이면 부유하고, 충만하고, 행복한 삶이 가능합니다. 제가 실제로 경험한 일이고, 수백만 명의 사람들도 역시 실증한 일입니다."

직감은 우리의 안내 등불일 뿐만 아니라 무언가 잘못 되었을 때 경고 신호를 보내는 보호자이고 안전망이기도 하다. 다시 한번 더 우리는 그런 경고 신호를 인식하고 거기에 대비할 준비를 할 필요가 있다.

의학 박사이자 정신과 의사이며 UCLA의 정신과 교수인 쥬디스 오를로프 박사는 직감이 우리를 안전하게 지켜주는 중요한 역할을 한다고 확인시켜 주고 있다.

"직감은 지적 능력으로 조정되지 않고, 내적 지혜의 형태로 우리 모두가 접근할 수 있습니다. 직감은 내면에서 조용하게 들려오는 목소리입니다. 직감은 우리 행복에 전념하는 불굴의 조언자입니다. 당신은 직감을 육감, 예감, 신체적 감각, 섬광과 같은 느낌, 꿈의 형태로 경험합니다. 직감은 언제나 당신의 친구로서 당신 몸에서 눈을 떼지 않고 조화롭지 않은 어떤 일이 일어날지 알려줍니다."

직감인가 아니면 감정인가?

·

감정이 가끔 직감과 비슷하게 보일 수 있다. 그렇기 때문에 이 둘을 혼동할 수 있다고 인식하는 것은 중요한 일이다. 어떤 일을 행동으로 옮기지 않아야 한다는 것을 직감적으로 아는 것은 그 일을 하기 두려워서인 것과는 다르다.

분명 하지 말라고 스스로에게 말하는 것이 두려움 때문처럼 보일 수도 있다. 하지만 감정과 직감의 핵심적인 차이는 직감이 설명할 수 없는 지식이란 점이다. 분함, 분노는 물론 행복 같은 감정마저도 상황을 허위로 가려서 직감과 소통하는 것을 막을 수 있다.

특히 두려움은 당신의 직감을 매우 효과적으로 막는다. 두려움이란 감정은 이 세상이 위험하고 두려운 곳이라는 잘못된 가정으로부터 작동하기 때문에 잘못된 지침을 줄 수밖에 없다. 사실 두려움에서 당신이 받는 지침은 에너지 소모를 더 크게 일으킨다. 당신의 확실한 목표와 궁극적인 바람을 돕는 길을 찾기보다는 통제력을 갖는 데 에너지를 집중적으로 소비하기 때문이다.

직감이 우리에게 경고 신호를 보내는 '주의' 상태에 있다고 생각이 들 때 두려운 감정과 혼동하지 않고, 그 신호가 정말로 직감이라는 것을 확신해야 한다. 두려움은 어떤 절박한 문제와 관련된 상황을 바꿀 힘이 없다는 느낌을 불러일으킨다. 반면 직감은 당신의 상황을 올바른 방향으로 더 낫게 바꿀 힘을 당신에게 준다.

오를로프 박사는 직감 대 근거가 없는 두려움을 경험할 때의 차이점을 다음과 같이 설명하고 있다.

- 신뢰할 수 있는 직감은 정보를 중립적이고 냉정하게 전달한다.
- 신뢰할 수 있는 직감은 내부에서 옳다는 느낌을 준다.
- 신뢰할 수 있는 직감은 배려와 긍정적인 분위기를 준다.
- 신뢰할 수 있는 직감은 먼저 보고 난 후에 느낌이 오는 신선하고 명확한 인상을 준다.
- 신뢰할 수 있는 직감은 영화관에서 영화를 볼 때와 비슷하게 분리된 느낌을 준다.
- 근거가 없는 두려움은 감정적으로 매우 격양된 상태다.
- 근거가 없는 두려움은 잔인하고 모욕적이고 망상적인 내용으로 이루어져 있다. 자신을 향해서건 아니면 다른 사람들을 향해서건, 아마 둘 다를 향해 있을 것이다.
- 근거가 없는 두려움은 직감에 근거한 확신이나 정확한 느낌을 전달하지 않는다.
- 근거가 없는 두려움은 아직 치료되지 않은 과거의 심리적 상처를 반영한다.
- 근거가 없는 두려움은 중심을 잃지 않고 건전한 관점을 갖게 되면 점차 약해진다.

직감에 따라 반응했다고 생각했는데 나중에 두려움에 반응했

여자를 위한 생각하라! 그러면 부자가 되리라

다고 깨닫는 순간을 생각해볼 수 있는가? 앞으로 당신이 직감에 따라 반응했는지, 감정에 의해 조종되었는지를 판단할 수 있도록 다음 질문들을 자신에게 던져보라.

1. 내가 신체적 반응을 하고 있는가? 만약 그렇다면 당신의 잠재의식이 신체적으로 나타난 것일 수 있다. 직감은 내면에서 옳다는 느낌을, 두려움은 부정적인 느낌을 만들어낸다.

2. 나는 어떤 일이 진실이고, 올바르고, 필요하다는 것을 '그냥 안다'고 확실하게 말할 수 있는가? 이것이 바로 당신 어깨를 두드리는 식스 센스다. 직감은 당신의 지식과 인식 능력이 결합하여 나타나는 당신의 본능이다.

3. 당신의 확신이 짧은 순간만 지속되고 그 다음에는 당신이 틀리다는 생각이 자꾸 들 때, 이런 경험에 강한 감정으로 얽매여 든다면 당신은 그 감정 때문에 잘못된 지침을 받을 가능성이 크다.

4. 앞선 경험과 관련된 감정을 경험한 적이 있는가? 만약 있다면 논리적인 생각을 가라앉히고 오랫동안 앉아 감정을 살펴면서, 직감이 감정을 부수도록 할 필요가 있다.

5. 당신은 감정이나 바람을 '통제해서' 당신의 결정에 영향을 끼치도록 하는 그것을 직감이라고 하고 있는가? 그렇다면 당신은 지금 직감을 막고 있는 것이다. 만약 당신이 통제할 필요 없이 그저 놔둔다면, 당신은 직감이 자유롭게 흐

르기 시작하는 것을 느낄 수 있을 것이다.

6. 당신의 생각이 현재에 대한 것인가, 미래에 대한 것인가? 직감은 일반적으로 현재, 즉 바로 지금 일어나는 것들을 다룬다. 반면 두려움은 미래에 나타날 가능성이 있는 부정적인 것들을 다룬다.

•

당신은 통제되고 있는가?

•

통제되고 있다는 것은 많은 여성들에게 큰 숙제다. 당신이 두려움의 상태에 있을 때는 미래에 일어날 수도 혹은 일어나지 않을 수도 있는 어떤 일을 통제하기를 포기해 버린다. 여기서 우리는 상상 속의 두려움을 이야기하고 있다. 불타는 건물에서 탈출하는 것과 같은 실제적인 두려움이 아니고 말이다. 많은 여성들이 직감이 작동할 때조차 이를 묵살하고 받아들이지 않는 경향이 있다.

이번 장에서 당신의 직감, 특히 식스 센스가 당신을 보호하거나 "아하!"라는 순간을 만들어준다는 점을 여러 번 강조하였다. 하지만 직감이 보내는 메시지를 당신이 잘 받고 있는지 자신에게 물어보라. 또한 당신이 이해 수준을 높이기 위해 직감을 무한지성으로 들어가는 도구로 활용하고 있는지 자문해 보라.

이 책을 쓰면서 당신에게 들려줄 예시를 찾으려고 노력했다. 그리고 이런 노력을 기울이기 바로 5일 전에 알리 브라운이 〈사업가에게 있어 하루 중 가장 중요한 시간〉이라는 제목으로 올린 글을 블로그에서 보게 되었다. 그건 직감이 작용한 결과였다. 나는 지원을 요청했고, 그 요청이 그녀의 사이트에 '일어난 것'이었다. 알리 브라운은 다음과 같이 말했다.

"제가 당신에게 비밀을 알려 드릴게요. 저는 책상 앞에 앉아 있거나 컴퓨터로 일을 하는 동안에는 정말 명확하게 알지도, 좋은 아이디어나 현명한 대답을 얻은 적도 결코 없습니다. 좋은 아이디어나 현명한 대답은 제가 여유를 갖고 조용히 있을 때 항상 떠오릅니다. 제가 "아하!"하고 영감을 얻는 순간을 위해서는 제 두뇌 속의 어떤 기억장치를 지울 필요가 있습니다. 컴퓨터와 마찬가지로 만약 당신이 20개의 프로그램을 열고 작동시킨다면 모든 에너지가 고갈될 것입니다. 그래서 당신은 필요로 하는 것을 얻을 수 없을 것입니다. 재부팅이 필요합니다! 당신의 두뇌를 비우고 응답에 마음을 여는 것이 핵심입니다."

명상하는 상태가 되면 당신은 마음을 열고 진정으로 당신의 영적 본능과 연결된다. 그걸 뭐라고 부르든, 내게 그것은 영혼과 연결되는 길이었다.

고요하게 있어야만 대답을 들을 수 있다. 그저 질문을 적어놓고, 듣고, 무엇이 떠오르는지 바라보라. 처음에는 당신이 그걸 만들어냈다고 생각하겠지만, 나중에 당신에게 떠오른 것이 아이디어의 흐름이란 것을 알게 될 것이다.

요점은 영혼과 연결되는 습관을 가지라는 것이다. 일단 조용히 있는 기술을 습득하게 되면 그토록 듣고자 했던 신성한 존재의 속삭임을 듣기 시작할 것이다.

알리가 언급한 조용한 환경과 시간을 만드는 것뿐만 아니라, 우리가 '안내'를 요청하는 것도 똑같이 중요하다.

인도에 사업장을 세우면서, 나는 종종 새로운 네트워크 사장들과 여러 날 상담을 하곤 했다. 나는 약속 전에 매번 나의 직감에게 지혜를 청했다. 그러면 상담할 때마다 사장들은 "어떻게 그걸 질문할 줄 알았어요?" 혹은 "누가 우리에 대해 말해주던가요?"라고 물었다. 나는 "저는 신에게 지혜를 청했습니다."라고 늘 대답했다. 기도하는 경청의 결과로 인도에서의 내 비즈니스는 매우 빠르게 성장했다. 이 비즈니스 성공 덕분에 인도에 고아들을 위한 학교와 의료 지원을 제공할 수 있었다. 그건 직감에게 안내를 요청한 데 대한 보답이었다.

여성들은 종종 "그냥 그런 느낌이 들었어."라고 말한다. 이 말을 들은 남성들은 웃으면서 그 느낌에 대한 사실적 근거를 대라고 말한다. 나폴레온 힐은 그 느낌을 '창조적 상상력' 혹은 '예감'이라고 부른다.

직감은 결정할 때 암묵적 지식이 만들어질 수 있게 하는 방법이다. 당신의 지식을 신뢰하라. 안내를 청하라. 당신의 직감이 당신을 올바른 방향으로 안내하도록 하라.

• 식스 센스 실천하기 •

내 직감, 즉 내 식스 센스는 항상 강했다. 하지만 나는 항상 그 직감에 귀를 기울이지 않았다. 사실 삶의 대부분에서 나는 직감을 무시했다. 시험을 볼 때 처음 마음에 떠올랐던 답이 옳다고 정말 여러 번 생각했던 기억이 있다. 하지만 다른 대답이 옳은 게 틀림없다고 판단해서 틀린 답을 골랐다. 말할 필요도 없이 그 사실을 빨리 깨달아야 했지만, 그러지 못했다.

어린 아이들은 매우 직감적이다. 그들은 상상력과 직감으로 온갖 상상 속의 환경과 친구들을 만들어낸다. 놀고 있는 어린 아이들은 자신이 '존재하는' 그 자체를 즐기면서 공기 중에 떠 있는 것처럼 보인다. 하지만 우리는 나이가 들면서 세상의 기존 지침에 귀 기울이는 것을 배운다. 교사, 부모, 다른 성인들과 같은 몇몇 인생 선배들이 우리보다 더 잘 안다고 생각하기 때문이다. 그 결과 우리는 다른 사람들이 무얼 하는지 보기 위해 주위를 살피게 되고, 우리 자신의 결정 능력에 의구심을 갖고, 다른 사람들로부터 지침을 받게 된다. 우리는 자신의 내적 지혜에 의구심을 갖기 시작하게 되고, 그에 따라 우리 직감도 의심하게 된다.

나폴레온 힐은 여섯 가지 유령의 두려움 중 한 가지인 '비난의 두려움'을 이야기한다. 나는 비난의 두려움을 오늘날 사회의 가장 큰 문제로 보고 있다. 사람들은 다른 사람들의 눈을 통해 자신을 판단한다. 사람들은 자기 신뢰와 자아 존중감을 형성하는 대신 다른 사람들이 자신을 어떻게 생각하는지에 더 신경 쓴다. 나는 이 비난의 두려움에 특히 민감하다. 왜냐하면 나 또한 비난의 두려움과 항상 싸우고 있기 때문이다. 나는 항상 모든 사람들을 즐겁게 하기를 원한다. 설사 그게 나에게는 옳지 않고, 내가 정말로 그걸 원하지 않으면서도 그 일을 최선을 다해서 하려고 한다.

당신은 어떤가? 나는 직감이 보내는 소리를 제대로 귀 기울여서 듣고, 그걸 실천하길 주저하지 않았던 몇 번의 전환점을 이야기했다. 내가 식스 센스에게 안내를 요청했을 때 식스 센스는 내 삶의 모토가 된 "그냥 해보는 건 어때?"를 내게 보내주었다. 오늘날 나는 전능한 큰 힘이 작동하고 있다는 것을 그 어느 때보다 더 깨닫고 있다. 또한 나는 항상 그 힘을 더 많이 받아들일 수 있는 수용적인 환경을 조성하려고 노력하고 있다.

아직도 가끔은 내가 '현재에 집중하지' 않고 있다는 사실을 깨달을 때가 있다. 그럴때마다 내 삶이 너무 바쁘고, 내가 너무 많은 책임을 지고 있다고 핑계대며 회피하지 않으려고 노력하고 있다. 내 삶은 정말 너무 많은 멋진 기회로 가득 차 있고, 나는 그걸 모두 해내려고 노력하고 있다!

일을 해내고, 완수하고, 일이 일어나게 만드는 것에 초점을 맞추면서 나는 '존재' 그 자체의 가치를 잃어버렸다는 사실을 알게 되었다. 사실 나는 '바쁘게 일하기와 해내기'를 내가 현재에 몰두하지 않는 핑계로 삼고 있었다. 오늘날 나는 하지 말아야 할 리스트에는 신경을 끄고 '그냥 현재에 몰두하며 있는' 시간을 좀 더 많이 갖도록 할 것이다.

나는 평생 멋진 수호천사를 갖는 행운을 누리고 있다. 내 직감을 통해 나는 멋진 경험을 할 수 있었고 잠재적인 위험을 몇 번씩 피할 수 있었다. 내가 '현재'에 집중하는 방법을 더 많이 배움으로써 전에는 상상하지 못했던 마음의 평화를 느끼고 있다.

· 식스 센스에 대한 조언 ·

플로렌스 스코블 쉰

영적 스승이 된 미국의 화가이자 책 일러스트레이터

"직감은 영적인 기능으로 아무런 설명도 없이 그냥 방향을 가르쳐 줍니다. 저는 항상 직접적으로 영감을 받습니다. 그냥 무엇을 해야 하는지를 알고, 제 직감이 안내하는 것에 즉각적으로 따릅니다."

지젤 번천

브라질 패션모델, 유엔친선대사

"당신의 직감을 더 많이 신뢰할수록 당신은 더 많은 힘을 갖게 되고, 더 강해지고, 더 행복해질 것입니다.

진 시노다 볼린

정신과 의사이자 영성 관련 저자

"통찰력은 신비의 힘, 꿈, 직감을 통해서 또 보이지 않는 현실을 잠깐 들여다봄으로써, 그리고 무한한 인간의 지혜에서 옵니다. 이런 통찰력은 삶의 의미와 우리가 왜 여기에 있는지를 알 수 있는 실마리를 줍니다. 기도, 의식, 규율, 생각, 행동은 우리가 성장하고 의미를 발견할 수 있도록 도와주는 도구들입니다."

앤 윌슨 셰프

치료심리학 박사 학위를 가진 저자이자 페미니스트

"직감을 믿으면 종종 재앙을 피할 수 있습니다."

• 스스로에게 물어보기 •

이번 장을 읽으면서 당신의 실행 단계를 파악하고, "아하"라는 감탄사를 자아내고, 성공 성취를 위한 당신의 계획을 만들어내는 데 일지 쓰기를 활용하라!

당신의 일지에 살아오면서 당신의 직감, 즉 식스 센스가 "아하!"라는 감탄사를 자아내게 했거나, 당신을 보호해줬던 세 번 내지 네 번의 순간을 기록하라. 소름이 돋았거나, 명치를 얻어맞은 듯 느꼈거나, 가슴이 벌렁거리면서 직감이 당신에게 경고하는 것처럼 느꼈던 순간을 생각해보라.

당신이 직감, 즉 식스 센스를 무시했던 순간들이 생각나는가? 그때 무슨 일이 일어났는가?

당신의 직감, 즉 식스 센스를 실행하고 개발하기 위한 단계들을 살펴보라. 이 작업에는 솔직함이 요구된다.

당신은 다음 기술들을 활용하고 있는가?

1. 먼저 식스 센스의 존재를 믿고 있는지 자신에게 물어봐라. 나폴레온 힐이 직감을 지혜의 궁전으로 가는 문이라고 말했듯이 당신이 직감의 안내를 받아들이는 열린 마음을 반드시 먼저 가져야 한다.
2. 당신이 안내를 더 잘 받을 수 있도록 몸과 마음을 조용하고 대화가 없는 가장 좋은 환경에 있도록 만들어라.

3. 당신의 생각은 긍정적인가 아니면 부정적인가? 긍정적인 생각은 당신의 마음을 열고, 부정적인 생각은 당신 마음을 닫을 것이다.
4. 질문하는 법을 배워서 무한지성에게서 들려오는 응답을 잘 받아들일 수 있는 태세를 갖춰라.
5. 잠자리에 들기 전에 직감에게 안내를 청하고 당신의 꿈에 주의를 집중하라.

당신에게 다음의 질문을 던져라.

- 당신의 몸이 지쳤을 때 주의를 기울이는가?
- 다른 사람들을 만날 때 그들의 신체 언어에 주의를 기울이는가?
- 불편한 상황에 처했을 때 팔짱을 끼는 경우가 있는가?
- 부정적인 사람들을 피하는가?
- 자신을 진지한 사람이라고 생각하는가?
- 자신을 자발적인 사람이라고 생각하는가?
- 신에게 안내를 요청하는가?
- 당신의 꿈에 관심을 두는가?

다음달에도 당신의 직감, 즉 식스 센스가 작동한다고 느껴질 때 일지에 그 순간들을 기록하라. 당신은 직감을 더 신경 쓰게 될 것이고, 그 결과 직감에 더 열린 마음을 갖게 될 것이다.

침대 옆에 일지를 보관하라. 잠자리에 들기 전에 신, 즉 무한지성에게 질문을 던져라. 예를 들어 "제가 다음 단계로 올라가기 위해서 어떤 도전을 해야 할까요?"라고 말이다.

그리고 당신의 꿈에 관심을 갖고 비록 그 꿈이 상식적으로 이해가 되지 않더라도, 깨어나자마자 그 꿈을 기록하라.

당신의 수호천사가 당신을 위해 일하고 있다!

당신의 직감은 당신이 어디로 가야 하는지를 말해줍니다.

당신이 만나야만 하는 사람들을 연결시켜 줍니다.

당신에게 의미가 있는 일로 안내합니다.

당신의 직감에 귀를 기울이면

부유하고, 충만하고, 행복한 삶이 가능합니다.

14장

여섯 가지 두려움 극복 방법

당신의 길에 얼마나 많은
두려움이라는 '유령'이 있는가를 깨달아라.
두려움을 극복하는 방법은 당신의 마음속에 있는데,
그건 바로 당신의 생각을 조정하는 능력이다.

우리는 멈춰서
진지하게 두려움에 대면함으로써
강인함, 용기, 신뢰를 얻는다.

– 엘레나 루스벨트

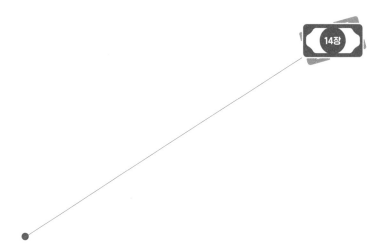

나폴레온 힐은 20년 이상 그 당시 가장 성공한 사람들 500명 이상과 스스로 실패했다고 생각하는 수천 명을 연구하여 성공 철학을 개발해냈다. 그 연구결과를 정리한 것이 바로《생각하라! 그러면 부자가 되리라》라는 책이다. 나폴레온 힐이 책 출간 준비를 마쳤을 때 그는 많은 사람들이 성공하기 위해 필요한 것들을 알고 있지만, 그걸 실천하지 않는다는 것을 깨달았다.

그래서 나폴레온 힐은 사람들이 스스로 만든 한계를 극복할 수 있도록 돕기 위해 이 책의 마지막 장에 '여섯 가지 두려움 극복 방법'을 추가하였다. 나폴레온 힐은 그러한 한계를 '유령'이라고 불렀는데, 그 이유는 그 한계가 당신의 마음에만 존재하기 때문이다. 유령들은 망설임, 의심, 두려움을 만들어낸다. 나폴레온 힐은 두려움의 영향이 너무 크다는 것을 알았기 때문에《생각하라! 그러면 부자가 되리라》를 탈고하자마자 바로《악마를 뛰어넘기》를 쓰기 시작했다. 《악마를 뛰어넘기》는 두려움과 부정적인 생각의 영향을 설명하고, 이를 극복하는 방법을 기술한 책이다.

그럼 이제 여섯 가지 두려움인 가난, 비난, 질병, 사랑을 잃음, 나이 듦, 죽음에 대해서 살펴보자. 각 항목에 나폴레온 힐이 기술한 증상들이 이해를 도울 것이다. 그리고 성공한 여성들이 주는 현명한 조언을 통해 그런 두려움을 어떻게 몰아낼 수 있는지 소개하겠다.

●

가난에 대한 두려움

●

당신은 돈의 주인이 될 수도 있고 노예가 될 수도 있다.

가난에 대한 두려움은 여섯 가지 기본적인 두려움들 중 가장 파괴적이다. 가난에 대한 두려움은 가장 극복하기 어렵다.

여성들이 돈에 엄청난 두려움을 갖고 있다는 것은 의심할 여지가 없다. 알리안츠생명보험의 〈2013년 여성, 돈과 권력 연구2013 Women, Money & Power study〉에 의하면 거의 절반에 해당하는 미국 여성들이 노숙자가 될지도 모른다는 두려움을 갖고 있었다. 이 중에는 연소득이 20만 달러가 넘는 여성들 중 27%가 포함되어 있었다. 다시말해 20만 달러 이상의 수익을 올리고 있는 여성들까지도 빈털털이가 될지 모른다는 두려움을 갖고 있다는 뜻이다.

왜 그렇게 많은 여성이 그들의 재정적 안정을 배우자, 또는 파트너에게 의존하고 있는가? 왜 그렇게 많은 여성이 수입보다 지출을 더 많이 해서 빚의 늪에 빠져들고 있는가?

가난에 대한 두려움의 증상들

- 무관심-열정의 결여.
- 망설임-애매한 태도를 취하거나 다른 사람들에게 생각을 위임함.
- 의심-대개 실패에 대한 핑계를 대는 형태로 표현됨.
- 걱정-대개 다른 사람들의 잘못을 찾아내는 것으로 표현됨.
- 지나친 조심-모든 경우에 부정적인 면을 보는 습관.
- 미루기-오늘 해야 할 일을 내일로 미루는 습관.

가난에 대한 두려움은 자신을 교육시킴으로써 극복할 수 있다. 단순히 당신의 재정 상태를 인식함으로써 재정적으로 건강한 상태로 향하는 첫걸음을 뗄 수 있다. 가난에 대한 두려움을 극복할 수 있는 몇 단계를 소개한다.

1. 재정적인 목표를 세워라. 재정 조언자에게 도움을 청하라.
2. 재정 교육을 받아라. 더 많은 교육을 받을수록 두려움이 줄어들 것이다.
3. 남편이나 파트너 등 다른 사람에게 재정적 안전을 의존하지 마라.
4. 수입보다 적게 지출하라.

5. 비상금을 마련해 둬라.
6. 투자를 시작하라. 적게 시작해서 점차 늘려라.
7. 매일매일 돈 관리에 신경을 쓰고 실행하라. 돈 관리를 남편에게 이야기하라.
8. 신용 평가에 주의를 기울여라. 가능한 최고 평가를 받도록 노력하라.
9. 단순히 기분 좋자고 돈을 쓰지 마라.
10. 돈에 대한 실수에서 배워라.

우리는 돈의 노예가 되지 말고 돈의 주인이 되어야만 한다. 여자 친구들 몇몇이 스터디 그룹을 만들어서 함께 공부하면서 배우는 것을 고려해 보라. 당신은 돈과 투자에 대한 지식을 알수록 자신의 힘이 자라는 걸 느끼게 될 것이다. 그리고 그걸 즐기게 될 것이다.

●

비난에 대한 두려움

●

비난에 대한 두려움은 여성들이 가진 가장 큰 두려움이다. 우리 여성들은 자신에게 자신감을 갖기보다는 다른 사람들의 눈을 통해 자신을 보는 경향이 있다. 감정 없이 시간을 두고 바라보면 대부분의 비난은 옹졸하고 사소한 것이다. 하지만 비난은 파괴적인 결과를 초래할 수 있다. 비난은 당신에게서 자신감을 앗아가고, 주도권을 빼앗아가고, 상상력을 파괴할 수 있다. 비난은 당신의 삶을 황폐하게 만드는 부정적인 환경을 만들어낸다.

나폴레온 힐은 부모들이 자녀들을 비난함으로써 자녀들에게 치유할 수 없는 손해를 줄 수 있다고 경고하고 있다. 또한 우리와 가장 가까운 사람들이 우리에게 가장 큰 상처를 줄 수 있다고 말한다.

비난에 대한 두려움의 증상들

- 수줍음-일반적으로 초조함, 소심함, 어색한 손발의 움직임, 눈동자의 굴림 등을 통해 표현됨.
- 침착성 결여-목소리의 떨림, 불안한 몸짓, 기억력 감퇴.
- 성격-확실한 결정과 개인적 매력, 명확한 의사 표현의 결여. 다른 사람을 따라함. 과시.
- 열등감-열등감을 감추려고 자화자찬하는 습관. 다른 사람들을 이해시키려고 과장된 말을 사용함.
- 낭비-수입보다 많이 쓰면서 남에게 뒤처지지 않으려고 애쓰는 습관.
- 주도권 결여-기회를 잡지 못하고 의견을 표현하는 게 두려우며 말과 행동에서 얼버무리거나 속임수를 사용.
- 열정 부족-정신적, 육체적으로 게으름. 자기주장의 결여, 결정이 느림. 다른 사람들의 말에 쉽게 영향을 받음. 실수에

대한 비판 수용을 거부함.

우리 모두는 어렸을 적 이런 말을 들어본 적이 있다. "지팡이와 돌멩이는 내 뼈를 부서뜨릴 수 있지만, 욕은 나를 해치지 못할 것이다." 만약 우리 삶에 이 말을 내면화할 수만 있다면 많은 골치 아픈 일들을 피할 수 있을 것이다.

당신이 생각하기에 좀 더 아름다고, 좀 더 날씬하고, 좀 더 부유하고, 좀 더 건강하고, 더 행복한 사람에게만 기회가 주어진다고 생각하는가? 자신을 다른 사람들과 비교하는 대신 거울을 보면서 당신에게 감사함을 느껴라. 자신에게 "너는 대단해."라고 말하라. 그런 다음 감사해야 할 다섯 가지 일들을 생각하라.

•

질병에 대한 두려움

•

우리에게는 건강 관련 이야기와 치료 방안에 대한 많은 정보가 계속해서 쏟아지고 있다. 당신은 아마도 심각한 건강 문제를 가진 친한 친구나 가족이 있을 것이다. 하지만 자신의 건강을 생각하는 시간을 가져본 적이 있는가? 당신은 가장 소중한 자산인 몸과 마음을 잘 돌보고 있는가?

많은 여성이 자신보다 다른 사람들이나 다른 일들을 우선순위에 두는 경향이 있다. 나 또한 나의 건강을 여러 차례 희생했던 것을 기억한다. 왜냐하면 적절한 운동과 휴식을 취하는 대신 처리해야 할 일들을 우선순위에 두었기 때문이다. 당신의 경우는 어떤가?

자신의 건강을 무시해서 결국 몸에 부정적인 증상이 나타나는 것을 봐야만, 우리는 자신의 건강 문제를 걱정하기 시작한다. 몸의 건강은 마음에도 큰 영향을 미친다. 지난 수년 동안 경제적 불안에서 시작해서 모든 언론 매체들이 건강 문제에 대해 떠들고, 나이가 들면 건강이 나빠지는 상황까지 포함해서 부정적인 메시지들이 우리를 지속적으로 맹폭하고 있다. 이런 부정적인 메시지는 두려움을 촉발하고 육체적으로도 많은 영향을 줄 수 있다. 즉 모든 형태의 부정적인 사고는 건강을 해칠 수 있다.

질병에 대한 두려움의 증상

- 자기 암시-모든 종류의 질병에 대한 증상을 찾고, 또 찾기를 기대함. 자가 치료를 시도함.
- 건강 염려증-질병에 대해 말하고, 질병에 마음을 집중하며, 질병이 나타나기를 기대함. 부정적인 생각.
- 운동 부족-적절한 신체 운동을 하지 않아 과체중이 됨.
- 민감성-자연 면역 기능을 파괴하고, 모든 형태의 질병에 취약한 상태를 만듦.
- 꾀병-상상의 병을 미끼로 동정을 받고자 함.
- 무절제-질병의 원인을 없애지 않고 고통을 경감시키기 위해 알코올이나 마약을 복용함.

나쁜 건강에 대한 두려움을 이기기 위해서는 우리 자신을 돌봐야 한다! 활동적이고, 건강하고, 몸을 잘 돌보는 여성은 행복한 삶을 미리 대비한다는 믿음을 갖게 될 것이다. 긍정적인 태도 역시 건강을 유지하는 데 매우 중요하다.

•

사랑을 잃는 것에 대한 두려움

•

이 두려움은 모든 고통 중에 가장 아플 수 있다. 나폴레온 힐은 "연구결과를 보면 여성들이 남성들보다 이 두려움에 더 민감하다."고 경고했다.

나는 이 두려움이 비난에 대한 두려움과 동반해서 나타난다고 생각한다. 내가 선택해서가 아니라 상대가 헤어지자고 할 때 우리는 자신을 심하게 자책한다. 우리는 "내가 뭘 잘못했지? 내가 그에게 조금만 더 잘 해줬더라면, 만약 내가 조금만 더 날씬했더라면, 더 예뻤더라면…"과 같은 부정적인 생각을 하면서 자책하고 괴로워한다.

사랑을 잃는 것에 대한 두려움은 자칫 자신감에도 영향을 줄 수 있다. 인간관계에 실패한 것을 자책하는 여성은 어떤 형태든지 낮은 자존감과 낮은 자신감으로 괴로워할 가능성이 크다. 카파델타여성클럽 연합회에서 조사한 통계가 여성들의 이런 자신감 상실을 보여주고 있다.

- 90%의 여성들이 자신의 외모 중 적어도 한 부분을 고치기를 원한다.
- 오직 2%의 여성들만 자신들이 예쁘다고 생각한다.

사랑을 잃는 것에 대한 두려움의 증상
- 질시-아무런 합리적인 이유 없이 친구나 애인을 의심함.
- 결점 찾기-친구, 친척, 비즈니스 조력자들, 애인의 결점 찾기.
- 노름-노름하기, 훔치기, 속이기. 사랑을 살 수 있다고 믿고 애인에게 돈을 주는 잘못된 행위.

사랑을 잃은 상처를 치유하기는 쉽지 않다. 하지만 강하고, 자신감이 넘치고, 재정적으로 독립적인 여성은 다른 사람에게 삶을 의존하는 사람에 비해 사랑을 잃는 두려움과 고통을 덜 느낀다.

•

나이 듦에 대한 두려움

•

가난과 나쁜 건강에 대한 두려움은 자연스럽게 나이가 드는 두려움과 연결된다. 나이 듦에 대한 두려움은 자유의 상실뿐만 아니라 육체적으로든, 경제적으로든 독립성을 잃는 것으로 나타난다. 또한 이 두려움은 비난에 대한 두려움 때문에 증폭된다. 우리는 젊었을 때와 현재의 자신을 비교하면서 잃어버린 젊음을 그리워한다.

나이 듦에 대한 두려움의 증상들

- 느려짐-나이 때문에 실수가 늘었다고 믿음.
- 나이 들어 미안하다고 말하기-나이 들어 지혜로워졌다고 말하는 대신 미안하다고 말함.
- 주도권, 상상력, 자립심 상실-이런 특성들을 실천하기에 너무 나이 들었다고 오해함.
- 복장-너무 젊게 보이려고 노력함.

활발하게 활동하고 우리 주위 세상에 공헌함으로써 우리는 나이 듦에 대한 두려움을 피할 수 있다. 우리가 가진 것과 성취한 것에 감사하고 다른 사람들에게 자신의 재능을 나눠줄 때 삶을 즐길 수 있다.

●

죽음에 대한 두려움

●

우리가 점점 나이가 들면 나쁜 건강에 대한 두려움이 점차 죽음에 대한 두려움으로 대체된다. 죽음에 대한 두려움은 복잡하지만 종교적 믿음으로 경감되기도 한다. 하지만 우리 모두는 수시로 "나는 어디서 왔고 또 어디로 가는가?"라는 의문을 갖는다.

우리가 아무리 죽음에 대해 생각하고, 얼마나 많이 죽음을 피하려고 노력해도 결국 죽음은 닥친다. 죽음을 두려워하는 대신 현재에 집중하고 매일 최선을 다해야 한다.

　나폴레온 힐은 "말하자면 삶은 에너지입니다. 에너지도 물질도 파괴될 수 없기 때문에 당연히 삶도 파괴될 수 없습니다. 다른 형태의 에너지와 마찬가지로 삶은 여러 과정의 변화와 변신을 하면서 형태를 바꿀 수 있습니다. 하지만 삶을 파괴할 수는 없습니다. 죽음은 단지 변화의 한 형태입니다."라고 우리에게 상기시킨다.

죽음에 대한 두려움의 증상

- 죽음에 대한 생각-삶에 최선을 다하는 대신 죽음에 대해 생각하기.
- 두려움의 원인들-질병, 가난, 무직, 사랑에 대한 실망, 정신 이상, 종교적 광신주의 등등.

　죽음에 대한 두려움을 피하는 가장 좋은 조언은 매일매일 최선을 다하라는 것이다. 만약 당신이 이뤄야 할 간절한 바람이 있다면, 당신은 의미 있는 삶에 집중할 것이고 죽음에 대한 두려움을 생각할 여유가 없을 것이다.

근심과 두려움

"근심은 두려움에서 기인하는 마음의 상태입니다. 근심은 서서히 그러나 지속적으로 작용합니다. 근심은 은밀하고 교묘합니다. 근심은 사고 능력을 마비시키고, 자신감과 주도권을 파괴할 때까지 한 발짝 한 발짝 파고듭니다. 근심은 망설임으로 생기는 지속적인 두려움의 한 형태입니다. 따라서 근심은 조정될 수 있는 마음의 상태입니다." 이 말은 나폴레온 힐이 들려주는 영원하고 강력한 조언이다.

내 삶을 바꾸는 데 도움을 준 근심에 대한 정의를 알려 주겠다. 근심하는 것은 당신이 원하지 않는 것을 달라고 기도하는 것이다. 나는 근심으로 축 처질 때마다 멈춰 서서 이 정의를 반복해서 외운다.

"당신은 당신의 생각을 통제할 힘을 확실히 가진 운명의 주인이다. 당신은 원하는 삶을 가질 환경을 만들어가고 통제할 수 있다. 당신은 삶을 원하는 대로 만들 수 있는 특권을 망각하고 있는지도 모른다. 이는 마치 파도 위의 배처럼 이러저리 흔들리는 '상황'의 넓은 바다 위에 당신을 던져놓는 것과 같다."

근심에서는 긍정적인 것이 하나도 나올 수 없다. 근심에 대한 대가가 당신의 예상보다 훨씬 크다는 것을 알면, 당신은 마음의 평화와 고요함을 찾게 될 것이다.

두려움에 대한 부정적인 영향

나폴레온 힐은 여섯 가지 기본적인 두려움에 대한 논의를 마무리하면서 부정적인 영향에 대해 추가적으로 언급했다. 나폴레온 힐은 "이것은 여섯 가지 두려움보다 더 깊이 자리 잡고, 더 치명적입니다."라고 경고했다.

여섯 가지 기본적인 두려움을 극복하는 방법은 당신의 마음속에 있는데, 그건 바로 당신의 생각을 조정하는 능력이다. 마찬가지로 다른 사람들의 부정적인 생각이나 행동도 당신의 행동과 의지력으로 당신의 영혼을 가라앉지 않도록 만들 수 있다.

사고로 비극적인 죽음을 맞이한 여섯 살짜리 아이의 장례식에 참석했다고 상상해보라. 당신은 그런 슬픈 일을 생각함으로써 야기된 무거운 분위기를 느끼는가?

이제 반대로 당신이 비즈니스에서 이룬 큰 성공을 축하하기 위해 친구들이 모인 파티에 참석했다고 상상해보라. 당신은 음악에 맞춰 춤을 추고 당신이 소중하게 생각하는 사람들과 함께 웃을 것이다. 당신은 그런 행복한 일을 생각함으로써 야기된 경쾌한 분위기를 느끼는가?

이런 예들이 너무도 극명하게 느껴질지 모르겠지만, 사실 우리는 이런 형태의 롤러코스터를 매일 경험하고 있다. 위기에 처한 친한 친구의 전화를 받고서, 당신의 감정이 금방 친구가 느끼는 슬픔까지 내려가는 경험을 해 본 적이 있는가? 그게 바로 인간의 본성이다. 하지만 만약 당신이 부정적인 영향에서 자신을 보호하는 훈련을 할 수 있다면, 당신은 등불이 되어 친구를 더 행복하게 만들어 줄 수 있다.

· 두려움 극복에 대한 조언 ·

J. K. 롤링
해리 포터 시리즈 작가

"가난은 두려움과 스트레스, 때로는 우울증을 동반합니다. 가난은 수천 번의 사소한 굴욕과 시련을 마주하게 합니다. 자신의 노력으로 가난에서 탈출하는 것은 자부심을 안겨줍니다. 바보들은 가난 자체를 낭만적으로 생각합니다."

엘리너 루스벨트
미국 대통령 부인

"당신 마음에서 옳다고 느낀 일을 하십시오. 왜냐하면 당신은 어쨌든 비난받게 되어있기 때문입니다. 당신이 무슨 일을 하면 했다고 비난받을 것이고, 하지 않으면 안 했다고 비난받을 것입니다."

케일린 칼라브리즈

사업가, 유명한 전체론적 건강 전문가

"당신에게 주어진 가장 멋진 기계인 몸을 잘 돌보지 않으면서 당신은 어디에서 살려고 합니까?"

메리앤 윌리엄슨

미국 작가

"사랑은 우리가 가지고 태어난 것이고, 두려움은 우리가 세상에서 배운 것입니다."

베티 화이트

미국 배우, 저자, 탤런트

"나이 듦은 놀랄 일이 아닙니다. 우리는 나이 든다는 것을 이미 알고 있습니다. 그걸 최대한 활용하십시오. 당신이 조금 느려질 수도 있고, 거울에 비친 모습에 약간 실망할 수도 있습니다. 하지만 만약 당신이 아직 움직일 수 있고 아픈 데가 없다면 그 자체로 감사해야 합니다."

브리지트 바르도

프랑스 배우, 가수, 패션모델

"나이 드는 것은 슬프지만, 원숙해지는 것은 좋은 일입니다."

마야 잉 린

미국의 건축 디자이너, 예술가

"죽음을 대면할 수 없으면 죽음을 극복할 수 없습니다. 당신은 죽음을 똑바로 쳐다봐야 합니다. 그런 다음에야 돌아서서 밝은 빛으로 걸어올 수 있습니다."

메리 매닌 모리세이

미국의 영적 스승

"당신이 삶에서 앞으로 나아가길 원할지라도, 한 발은 브레이크 위에 놓아두어야 합니다. 자유롭기 위해서는 내려놓는 법을 배워야 합니다. 상처를 치유하십시오. 두려움에서 벗어나십시오. 옛날에 겪었던 고통을 잊어버리십시오. 과거에 집착하는 에너지가 당신을 새로운 삶으로 나아가지 못하게 합니다. 오늘 당신은 무엇을 내려놓았나요?"

• 스스로에게 물어보기 •

이번 장을 읽으면서 당신의 실행 단계를 파악하고, "아하"라는 감탄사를 자아내고, 성공 성취를 위한 당신의 계획을 만들어내는 데 일지 쓰기를 활용하라!

당신의 부모님이 여섯 가지 두려움을 어떻게 대했는지 생각하는 시간을 가져라. 일지에 당신의 생각을 적어라. 당신의 부모님이 어떻게 행동했는지를 살펴보는 것만으로도 당신이 느끼는 두려움의 원인을 찾을 수 있을지도 모른다. 당신의 부모님이 두려움을 어떻게 대했는지 기록한 것을 살펴보아라. 초점을 당신의 배우자나 파트너에게 돌려서 그들이 여섯 가지 두려움을 어떻게 대하는지를 기록하라.

이제 당신의 부모나 배우자가 두려움을 어떻게 대하는지에 대한 지식을 기반으로, 여섯 가지 두려움에 대해 그들의 두려움이 당신에게 어떤 영향을 끼쳤는지 생각해보라. 마지막으로 각 두려움에 대한 당신의 생각과 그 두려움을 언제 어떻게 경험했는지, 앞으로 각각의 두려움을 최소화하기 위해 할 수 있는 일들을 기록하는 시간을 가져라.

그 다음에는 두려움으로 좌절했던 경우들을 기억해내는 시간을 가져라. 그 경우들을 기록하고 그게 육체적으로, 정신적으로 당신에게 어떤 영향을 주었는지에 대해서도 기록하라.

자, 이제 두려움이 당신에게 무언가를 하도록 동기 부여를 한 경우가 있었는지 기억할 수 있는가? 두려움은 우리를 좌절시킬 수도 있고 동기를 부여할 수도 있다. 앞으로 두려움이 성공에 대한 동기를 부여하도록 노력하자.

균형 잡힌 삶

만약 어제 했던 결정이 우리를 충족시키지 못했다면
죄책감을 느낄 수도 있지만
오늘이나 내일 우리 삶을 충족시킬 다른 선택을 할 수도 있다.

삶에서 가장 찾아내기 힘든 것이 균형이다.
특히 당신이 더 성공할수록
다른 쪽을 더 많이 보게 된다.

– 셀린 디옹

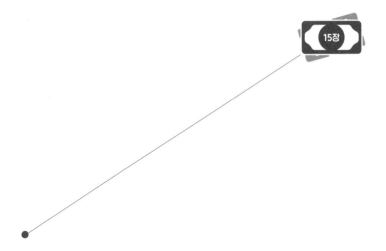

이 책은 의도적으로 《생각하라! 그러면 부자가 되리라》의 각 장을 그대로 따라서 여성들을 위해 그들의 시각으로 나폴레온 힐이 제시한 부자가 되는 13가지 입증된 단계를 소개하였다. 나는 부자가 되고 성공에 이르는 구체적인 단계가 남성이나 여성에게 똑같이 적용된다고 생각한다. 하지만 여성으로서 우리는 그 성공 원칙들을 다른 신념과 태도, 다른 강점과 약점으로 접근해야 된다고 생각한다.

《여자를 위한 생각하라! 그러면 부자가 되리라》의 마무리에 가까워지면서, 나는 성공적이고 가치 있는 삶을 만들어가기를 원하는 모든 여성들을 위해서 마무리 장을 특별히 더하기로 했다.

당신은 삶의 우선순위를 어떻게 정할 것인지 고민한 적이 있는가? 일할 때 배우자나 자녀들과 함께 있지 않다는 것에 죄책감을 느껴본 적이 있는가? 하루를 마무리할 때 당신이 한 일에 성취감을 느끼지 못하고, 집에서 직장에서 미처 하지 못했던 일에 죄책감을 느껴본 적이 있는가?

이 장은 여성들을 둘러싸고 못마땅해하며 떠드는 목소리에 대해 논한다. 여성들은 삶에 있어서 균형을 찾고 유지해야 한다고 믿는다. 여성들은 직장과 가정에서 균형을 찾지 못했다고 느낄 때 죄책감을 느끼고 걱정을 하는 게 당연하다고 생각한다. 그 결과 많은 여성이 항상 죄책감과 걱정에 휩싸여 있다.

어떤 여성이 자신의 삶에서 균형을 찾지 못했다고 불평하는 것을 들으면 짜증이 난다. 당신은 내가 그런 반응을 보이는 것이 이상하다고 생각하는가? 균형이라는 단어에 대한 사전의 정의를 보면 "실패를 조절하거나, 추락하지 않은 상태를 유지하는 능력."으로 나와 있다.

언제 여성들이 '균형 상태'에 있던 적이 있는가? 여성으로서 우리는 조용히 서 있던 적이 없다. 우리는 항상 움직일 뿐만 아니라 시간을 어떻게 보낼지, 누구와 그 시간을 보낼지, 우리가 해야 할 일 목록에 있는 열 가지 다른 일들을 생각하면서 계속 선택을 한다. 어떤 사람은 이걸 멀티태스킹이라 부르고, 다른 사람들은 그걸 "균형을 잃었다."고 한다.

우리 여성들은 균형을 잡아야 하고, 균형을 잡은 여성은 '모든 일을 다 잘 할 수 있어야' 한다는 메시지를 끊임없이 듣는다. 그렇다면 이에 대해 우리는 어떤 반응을 보여야 하는가? 우리가 완벽하게 균형을 잡아야 한다고 생각한다면 죄책감이나 패배감을 주

여자를 위한 생각하라! 그러면 부자가 되리라

로 느끼게 될 것이다. 여기서 '죄책감'이라는 감정을 살펴보자.

스페인의 바스크컨트리 대학교^{University of Basque Country}에서 수행한 연구에 따르면 여성들은 남성들에 비해 더 죄책감을 갖는 경향이 있다. 이 연구 결과에 대해 호주의 학자 겸 언론인인 게르메인 그리어는 다음과 같이 말했다.

> "죄책감은 나쁜 것입니다. 죄책감은 삶의 독이고 결단력을 약화시킵니다. 여성들은 끊임없이 사과하면서 살아갑니다. 여성들은 다른 사람들의 질책 속에서 자라납니다. 만약 여성들이 존중받지 못한다면, 그녀들은 스스로 존중을 얻는 데 실패했다고 생각합니다. 만약 남편들이 그녀들에게서 성적 매력을 느끼지 못한다면, 자신들이 매력이 없기 때문이라고 생각합니다. 여성들이 집안을 어지럽히지 않는데도 집안이 더럽고 어지러운 것은 여성들의 잘못이라고 생각합니다."

다시 말하면 우리 여성들은 죄책감을 느끼지 말아야 하는데도 죄책감을 느끼는 경향이 있다. 영국의 스타일리스트매거진^{Stylist Magazine} 2010년 판에서 실시한 조사결과에 의하면 96%의 여성이 하루에 한 번 이상 죄책감을 느끼는 것으로 나타났다. 죄책감은 부정적인 감정이다. 그렇다면 얼마나 많은 부정적인 것들이 우리 여성들의 삶 속으로 들어오는지에 대해 생각해보라. 만약 우리가 죄책감을 느끼지 않을 수 있다면 얼마나 많은 시간을 되찾을 수 있을지 상상해보라. 따라서 이 결과는 죄책감의 원인에 대한 문제, 즉 일과 삶의 균형에 대한 끝없는 질문으로 다시 돌아가게 한다.

수백만 명의 여성들이 가정과 직장 일을 분리하려고 무던히도 노력한다. 가정과 직장 일이 서로 영향을 끼치길 원하지 않고, 남편이나 자녀들이 그녀들의 작업 부하에 영향을 느끼지 않기를 바란다. 하지만 실제로 이는 불가능하다.

당신은 하나의 전체적인 삶을 살아가는 인간이다. 어째서 가정과 직장, 두 개의 별개의 삶을 살아갈 필요가 있다고 생각하는가? 불균형한 삶에 죄책감을 느끼기보다는 매일 당신이 이룬 성취가 대단하다고 느끼도록 하고, 그 느낌을 가족들과 공유하라.

가정에 있을 때와 직장에 있을 때를 구별해서 그 순간에 맞도록 처신하라. 나는 하지 말아야 할 일 목록을 작성해서 그걸 실천했다. 세탁, 요리, 청소를 할 사람을 고용했고 그 덕분에 내가 집에 있을 때는 아이들과 더 많은 시간을 보낼 수 있었다. 아이들의 학교 활동에 참석하도록 노력했고, 마감 시간에 쫓기는 일이 있으면 아침에 아이들이 일어나기 전과 잠자리에 든 다음에 일을 했다. 이런 일은 곡예와 같은 일이었지만 나는 기꺼이 해냈다. 왜냐하면 그렇게 함으로써 내 가족들의 삶에 참여할 수 있었기 때문이다.

지금은 내가 나이 든 세대에 속한다는 사실을 인식하고 있기 때문에 직장생활을 하면서 결혼한 지 얼마 되지 않은 젊은 여성들을 위해 다른 사람의 조언을 덧붙이고자 한다. 안젤라 토트만은 나와 함께 일하는 여성이다. 나는 안젤라가 결혼하는 것과 두 명의 훌륭한 아들들을 키우는 것을 즐거운 마음으로 지켜봤다. 안젤라가 결혼하고 두 아들을 가진 것은 페이유어패밀리퍼스트^{Pay Your Family First}에서 일을 시작하고 나서인데 아내로서, 엄마로서, 성공한 사업가로서 어떻게 성공했는지에 대한 생각을 설명하고 있다.

"젊은 여성으로서 저는 제 직장생활의 비전을 만들었고, 어떻게 해야 성공할 수 있는지를 정확하게 파악했습니다. 하지만 일단 실제 상황에 접어들자, 이를 포기하는 데 그리 오랜 시간이 걸리지 않았습니다. 제 가치를 실현하는 일, 즉 개인적인 삶과 직장생활을 모두 충족시키는 것이 쉽지 않았기 때문입니다. 저는 엄마가 되길 원했습니다. 부모의 책임을 다하면서 제 경력을 제대로 쌓아가는 데 아무런 염려를 하지 않았습니다. 제 입장에서는 둘 다를 성취하지 못한다면 삶에서 가장 큰 성공을 이루지 못하는 셈이었습니다.

저는 부모가 되는 것과 직장생활의 삶을 추구하는 것 사이에 흥미로운 유사성을 많이 발견했습니다. 예를 들어 의사소통과 인간관계 관리는 부모로서뿐만 아니라, 직장생활에서의 성공을 위해서도 꼭 필요한 기술입니다. 체계화와 문제 해결 기술, 그리고 다른 사람들의 강점을 끌어내는 능력도 양쪽에 똑같이 중요합니다. 적합한 자원과 파트너를 찾기 위해 불확실성을 극복하고 중심을 잡는 능력도 역시 양쪽에 모두 필요합니다. 그래서 저는 회사에서 받아야 하는 교육 과정과 매일매일의 기회를 활용함으로써, 제 자녀들의 삶에 긍정적인 영향을 줄 수 있었습니다. 제 삶의 한 부분에서 가진 열정이 다른 부분에도 영향을 끼치곤 하였습니다. 사실 가정과 직장 사이의 균형을 잡는 것이 쉽지만은 않았습니다. 저는 꽤 오랫동안 좋은 엄마가 되지 못했습니다. 또한 어떻게 처신해야 하는지 멘토링을 받고자 했을 때는 제가 직장생활을 시작한 지 얼마 되지 않은 시점이었습니다. 제가 샤론 레흐트에게 균형을 잡기 위해서 어떻게 해야 하는지 물었을 때, 샤론은 제게 통찰력 있는 대답을 해주었습니다.

샤론이 제게 가르쳐준 것은 일과 가정의 균형을 잡고자 하는 짐을 벗어야 한다는 인식의 전환이었습니다. 샤론은 얼마만큼의 시간을 직장에 사용하고 얼마만큼의 시간을 가정에 사용해야 하는지는 잊어버리고, 그런 균형을 찾고자 하는 자체가 틀렸을지도 모른다는 인식을 가져야 한다고 가르쳐주었습니다. 우리가 할 수 있는 모든 것은 우리가 할 수 있는 최상의 선택을 하는 것입니다. 그 선택은 우리의 가치, 우선순위, 열정에 따라 결정됩니다. 이런 선택이 항상 쉬운 것만은 아닙니다. 하지만 그런 결정을 한 이후에는 그 결정을 존중하는 것이 핵심입니다.

페이유어패밀리퍼스트의 기업 문화가 이 철학에 대한 증거입니다. 제가 우리 아이들의 숙제를 돕거나, 책을 읽어주거나, 놀아줄 때조차도, 저는 오롯이 거기에 집중합니다. 그 순간에는 제 컴퓨터도 꺼져있고, 전화기도 꺼져있습니다. 저는 매달 아이들의 수업 도우미로 자원봉사를 하고 있습니다. 또한 학교 행사와 프로그램을 주관하고, 기금 모금에도 도움을 주고 있습니다. 저는 전일제로 일을 하지만, 학교에서나 가정에서 아이들과 함께 있기 위해 필요한 선택을 하기도 합니다. 비록 그 결과로 뒤처진 업무를 따라잡기 위해 늦은 밤이나 주말에 일하기도 합니다. 남편과 아이들은 제가 엄마로서 아이들의 학교 행사와 활동에 참석하기 위해 비즈니스의 우선순위를 유연하게 조정할 필요가 있다는 것을 알고 있습니다. 모든 사람들이 이런 시간 조정과 우선순위 조정을 할 필요는 없습니다. 저 또한 오늘날까지도 망설임 없이 그런 결정을 하는 데 어려움을 느끼고 있습니다. 하지만 저는 제 아이들의 삶뿐만 아니라 다른 많은 사람의 삶의 미래도 그려주는 전문가로서, 누군가 제가 했던 일들에 의문점이 있다면 그에 대해 자신 있게 대답해줄 수 있습니다.

저는 제가 걷고자 했던 길에서 벗어나지 않을 것입니다. 그 길을 꼭 지켜내겠다는 사랑으로 제 마음은 가득 차 있습니다. 균형의 필요성을 없앰으로써, 저는 제 삶의 모든 면에 긍정적인 영향을 미칠 수 있게 되었습니다!"

안젤라의 이야기가 특별한 경우는 아니다. 많은 젊은 부부들의 경우에는 과거 내 세대들보다는 부모 역할이나 가정에 더 많이 역할 분담을 하는 편이라고 생각한다. 물론 이런 변화가 있긴 하지만 모든 부부들은 그들에게 유리한 선택을 할 필요가 있다. 한 부모의 경우에 사랑스러운 부모가 되는 것도 중요하지만, 아이들에게 재정적인 지원을 충분히 하는 것도 중요하다는 것을 잊지 않도록 하자. 단순하고 쉽게 대답할 수 있는 문제는 없다.

균형에 관련된 문제는 특히 여성들 사이에서 많은 논란을 불러일으킨다. 한쪽에서는 여성들이 뭉쳐서 남성들에게 아이들을 돌보고 집안일을 할 때 반반씩 나누어 일을 부담하자고 주장한다. 다른 쪽은 비즈니스맨들, 경제계, 사회가 여성들에게 적대적이기 때문에 균형을 달성할 희망이 전혀 없다고 생각한다. 또 다른 일부는 일과 가정의 균형을 찾을 수 있다고 생각하기 때문에 이런 논란 자체를 이해하지 못한다. 그래서 부모 역할에 충실하기 위해 직장을 떠나기로 결정하는 그룹도 생긴다.

나는 모든 여성들에게 "논란을 멈추라!"고 외치고 싶다. 우리 모두는 매일매일 선택을 한다. 그 선택 중 일부는 당신에게는 옳지 않을지 모르지만, 선택 자체는 틀린 게 아니다. 우리의 선택은 우리를 앞으로 나아가게 할 수도 있고, 뒤로 후퇴하게 할 수 있고, 옆으로 가게 할 수도 있다. 우리의 선택이 우리를 행복하게 하기도 하고, 슬프게 하기도 한다.

만약 어제 했던 결정이 우리를 충족시키지 못했다면 죄책감을 느낄 수도 있지만 오늘이나 내일 우리 삶을 충족시킬 다른 선택을 할 수도 있다.

절대 죄책감을 선택하지 말라! 그런 선택은 당신의 에너지를 약하게 만들고 주위에 부정적인 기운을 불러들인다. 당신이 마음

여자를 위한 생각하라! 그러면 부자가 되리라

속에 죄책감이라는 부정적인 생각을 지닌다면 어떤 형태든 긍정적인 생각을 동시에 가질 순 없게 된다. 당신은 죄책감을 없애고 당신에게서 부정적인 기운을 몰아내길 선택할 수 있다!

매일매일 운명을 바꿀 기회가 있다. 당신은 충만하고 균형 잡힌 삶을 선택할 수 있다!

• 균형 잡힌 삶에 대한 조언 •

진 차츠키

미국의 경제 분야 언론인

"문제는 모든 것을 갖느냐가 아닙니다. 문제는 당신이 가진 것에 얼마나 가치를 부여하느냐입니다."

셰릴 샌드버그

페이스북의 최고 경영자

"일과 삶의 균형이라는 것은 없습니다. 일도 있고 삶도 있지만 균형은 없습니다."

베라 왕

미국의 패션 디자이너, 전 피겨스케이팅 선수

"모든 것에 균형을 잡는 것은 어렵습니다. 항상 도전이 있을 뿐입니다."

모니크 륄리에

웨딩드레스로 가장 유명한 패션 디자이너

"저는 완벽주의자이지만 어떤 삶을 살아야 하는지 압니다. 제가 일을 할 때는 100% 일에 전념합니다. 친구와 함께 있을 때는 모든 것을 제쳐두고 즐깁니다. 집에 와서 아이들과 함께 있을 때는 그 순간을 그냥 만끽하고 그럴 가치가 충분하다고 생각합니다. 매번 한 번에 한 가지 일에 집중합니다. 제 삶을 어떻게 살아가야 하는지 배웠고, 지금 저는 완벽히 균형잡힌 상태에 있다고 생각합니다."

펑리 위안

중화인민공화국의 영부인, 전 인기 가수

"훌륭한 여자는 인간관계에 있어서 균형을 잡을 줄 압니다. 실속 없는 일만 쫓아다니며 이 말 저 말로 분란을 만들지 않으며, 자신이 할 수 있는 일을 열심히 하는 것에 만족하며 즐거워할 줄 압니다."

여자를 위한 생각하라! 그러면 부자가 되리라

• 스스로에게 물어보기 •

　이번 장을 읽으면서 당신의 실행 단계를 파악하고, "아하"라는 감탄사를 자아내고, 성공 성취를 위한 당신의 계획을 만들어내는 데 일지 쓰기를 활용하라!

　시간을 훨씬 더 생산적인 데 사용하기 위해 당신이 취할 수 있는 몇 단계를 소개하겠다.

- 시간 관리
  자투리 시간 관리하기.
  시간을 어떻게 보내고 있는지 추적하기.
  매일 이루고자 하는 한 가지 일 선택하기.
  '작은 성공' 축하하기.

- 집중
  한 번에 한 가지 일에 집중하기.
  우선순위 정하기.
  멈춰야 할 일 목록을 작성하고 실천하기.
  거절하는 법 배우기.

- 환경

  부정적인 사람 피하기.

  우울한 일 피하기.

  부정적인 미디어 보거나 듣지 않기.

  삶에 유머와 웃음을 더하고 그걸 꾸준하게 행하기.

- 건강

  당신의 개인적 습관을 평가하기.

  건강한 식습관 가지기.

  충분히 운동하기.

- 협력

  당신이 할 수 있는 것도 외주로 맡기기.

  도움을 구할 멘토나 코치를 찾기.

  일을 완수하기 위한 팀을 만들기.

  협동심 있는 그룹 만들기.

매달 두 개 분야를 골라서 집중적으로 실행하라. 그런 식으로 당신의 습관을 바꾸는 데 집중함으로써 더 건강한 습관을 형성하고 유지할 수 있게 될 것이다.

만약 자신에게 집중하기 시작했는데 묵은 감정인 죄책감이 떠오르더라도 놀라지 마라. 멈추고 집중하라. 그 사실을 인식했다는 것 자체를 축하하고, 죄책감은 옆으로 치우고 계속 진행하라.

이 책을 통해서 여성들과 남성들 사이에 많은 차이점이 있다는 점을 강조했다. 어떤 것들은 여성들에게 강점이나 약점으로 다가올 수 있다.

- 약점

  여성들은 공격적이지 않은 경향이 있다.

  여성들은 자신감이 부족한 경향이 있다.

  여성들은 개인적인 책임감을 느끼는 경향이 있다.

  여성들은 자신들을 우선순위 맨 뒤편으로 밀어두는 경향이 있다.

- 강점

  여성은 위대한 협력자다.

  여성들은 남성들에 비해 공감 능력이 뛰어나다.

  여성들이 장기적 비전을 더 잘 볼 수 있다.

  여성들은 다른 사람들에게는 최고인 경향이 있다.

만약 여성들이 약점을 극복하기 위해 강점을 사용한다면 어떻게 될까? 더 공격적이려고 노력하는 대신 개인적인 발전에 초점을 맞추는 등 우리 강점을 활용하는 다른 전략을 왜 선택하지 않는가? 만약 여성들이 자신을 위하기보다는 다른 사람들을 위해서 훨

썬 더 잘 싸운다면, 여성들이 모여서 함께 싸울 게 아니라 서로를 위해서 싸우도록 하자.

여성들이 협동하면 그녀들의 약점은 사라지고, 강점은 배가될 것이다. 여성들은 다른 여성들을 위해 싸우려고 그녀들의 공감 능력을 활용할 것이다. 서로의 자신감을 북돋우기 위해 서로 협력하는 능력을 발휘할 것이다.

만약 여성들이 서로 싸우고 비난하는 대신 서로를 축하하고 추켜올리면 기적 같은 일들이 생겨나기 시작할 것이다. 우리가 우리의 성공과 서로 돕는 일에 초점을 맞추면 서로에 대한 너그러움이 전 세계로 흘러넘칠 것이다.

자선가인 멜린다 게이츠가 말했다. "만약 당신이 성공했다면, 누군가가 언젠가, 어딘가에서 올바른 방향으로 당신을 안내하는 삶과 아이디어를 주었기 때문입니다. 그리고 당신이 도움을 받았던 것처럼 행운을 덜 받은 누군가를 도울 때까지 삶에 부채를 지고 있다는 것을 기억하십시오."

"밀물이 모든 배를 들어올린다."는 옛말을 기억하자. 당신의 선의가 유산을 만들어내고 성공적이고 의미 있는 삶을 만들어낼 것이다.

당신의 균형 잡힌 삶이 성공하기를 기원한다.

여자를 위한 생각하라! 그러면 부자가 되리라

여자를 위한
생각하라! 그러면 부자가 되리라

초판 1쇄 인쇄·2020년 11월 19일
초판 1쇄 발행·2020년 11월 30일

지은이·샤론 레흐트
옮긴이·김송호
펴낸이·이종문(李從聞)
펴낸곳·국일미디어

등록·제406-2005-000025호
주소·경기도 파주시 광인사길 121 파주출판문화정보산업단지(문발동)
영업부·Tel 031)955-6050 | Fax 031)955-6051
편집부·Tel 031)955-6070 | Fax 031)955-6071

평생전화번호·0502-237-9101~3

홈페이지·www.ekugil.com
블로그·blog.naver.com/kugilmedia
페이스북·www.facebook.com/kugilmedia
E-mail·kugil@ekugil.com

·값은 표지 뒷면에 표기되어 있습니다.
·잘못된 책은 구입하신 서점에서 바꿔드립니다.

ISBN 978-89-7425-990-7(13320)